Sommaire du Cahier d'Exercices:

Jour:

Multiplication par 0 et 1 1-4

Multiplication par 2 5-11

Multiplication par 3 12-18

Multiplication par 4 19-25

Multiplication par 5 26-32

Multiplication par 6 33-39

Multiplication par 7 40-46

Multiplication par 8 47-53

Multiplication par 9 54-60

Multiplication par 10 et 11 61-67

Multiplication par 12 68-74

Calculs Drivers 75-100

(Corrigé au dos)

X	1	2	3	4	5	6	7	8	9	10
1	1	2	3	4	5	6	7	8	9	10
2	2	4	6	8	10	12	14	16	18	20
3	3	6	9	12	16	18	21	24	27	30
4	4	8	12	16	20	24	28	32	36	40
5	5	10	15	20	25	30	35	40	45	50
6	6	12	18	24	30	36	42	48	54	60
7	7	14	21	28	35	42	49	56	63	70
8	8	16	24	32	40	48	56	64	72	80
9	9	18	27	36	45	54	63	72	81	90
10	10	20	30	40	50	60	70	80	90	100

Jour 1
0 et 1

Nom: _____

Points: /60

Temps: :

1. 1 × 4	2. 0 × 3	3. 1 × 2	4. 1 × 1	5. 8 × 0	6. 5 × 0
7. 1 × 7	8. 5 × 1	9. 6 × 0	10. 1 × 9	11. 0 × 4	12. 1 × 0
13. 7 × 1	14. 1 × 4	15. 9 × 1	16. 0 × 8	17. 6 × 0	18. 1 × 7
19. 1 × 9	20. 3 × 0	21. 2 × 0	22. 1 × 8	23. 0 × 0	24. 0 × 9
25. 5 × 1	26. 1 × 4	27. 0 × 3	28. 0 × 2	29. 6 × 1	30. 8 × 0
31. 1 × 1	32. 7 × 0	33. 5 × 1	34. 0 × 1	35. 9 × 1	36. 0 × 6
37. 4 × 0	38. 3 × 1	39. 1 × 7	40. 5 × 0	41. 1 × 4	42. 0 × 8
43. 5 × 1	44. 0 × 5	45. 0 × 9	46. 1 × 6	47. 8 × 1	48. 2 × 1
49. 8 × 0	50. 1 × 1	51. 1 × 5	52. 0 × 6	53. 1 × 0	54. 0 × 3
55. 9 × 0	56. 4 × 0	57. 0 × 5	58. 1 × 4	59. 1 × 3	60. 2 × 1

© Libro Studio LLC 2020

Jour 2
0 et 1

Nom: _____ Points: /60 Temps: :

1. 0 × 6
2. 1 × 3
3. 7 × 1
4. 1 × 6
5. 9 × 0
6. 0 × 4
7. 1 × 5
8. 5 × 1
9. 8 × 0
10. 1 × 9
11. 0 × 4
12. 1 × 0
13. 7 × 1
14. 1 × 4
15. 9 × 1
16. 0 × 7
17. 6 × 0
18. 1 × 7
19. 8 × 1
20. 3 × 0
21. 2 × 0
22. 1 × 9
23. 0 × 0
24. 0 × 9
25. 2 × 0
26. 1 × 4
27. 0 × 3
28. 1 × 5
29. 6 × 1
30. 8 × 0
31. 1 × 1
32. 7 × 0
33. 5 × 1
34. 0 × 1
35. 9 × 1
36. 0 × 6
37. 4 × 0
38. 3 × 1
39. 1 × 7
40. 5 × 0
41. 1 × 4
42. 0 × 8
43. 5 × 1
44. 0 × 5
45. 0 × 9
46. 1 × 6
47. 8 × 1
48. 2 × 1
49. 1 × 1
50. 0 × 6
51. 1 × 5
52. 0 × 8
53. 1 × 0
54. 0 × 3
55. 5 × 0
56. 4 × 0
57. 0 × 9
58. 1 × 4
59. 1 × 3
60. 2 × 1

© Libro Studio LLC 2020

Jour 3
0 et 1

Nom: _____ Points: /60 Temps: :

1. 3 × 0	2. 9 × 1	3. 1 × 4	4. 1 × 7	5. 9 × 0	6. 0 × 6
7. 1 × 7	8. 5 × 1	9. 8 × 0	10. 1 × 9	11. 0 × 4	12. 1 × 0
13. 6 × 1	14. 1 × 4	15. 3 × 1	16. 0 × 7	17. 6 × 0	18. 1 × 7
19. 5 × 1	20. 3 × 0	21. 2 × 0	22. 1 × 9	23. 0 × 6	24. 0 × 3
25. 9 × 0	26. 1 × 4	27. 0 × 5	28. 1 × 8	29. 6 × 1	30. 2 × 0
31. 1 × 1	32. 7 × 0	33. 5 × 1	34. 0 × 1	35. 9 × 1	36. 0 × 5
37. 4 × 0	38. 3 × 1	39. 1 × 9	40. 3 × 0	41. 1 × 1	42. 0 × 8
43. 5 × 1	44. 0 × 6	45. 0 × 9	46. 1 × 6	47. 8 × 1	48. 2 × 1
49. 1 × 0	50. 0 × 0	51. 1 × 5	52. 0 × 8	53. 1 × 4	54. 0 × 8
55. 0 × 9	56. 4 × 0	57. 0 × 5	58. 1 × 2	59. 1 × 7	60. 4 × 1

© Libro Studio LLC 2020

Jour 4
0 et 1

Nom: _____

Points: /60   Temps: :

1. 0 × 5
2. 5 × 1
3. 1 × 2
4. 1 × 5
5. 9 × 0
6. 1 × 6

7. 1 × 7
8. 5 × 1
9. 8 × 0
10. 1 × 9
11. 0 × 4
12. 1 × 0

13. 0 × 7
14. 1 × 9
15. 3 × 1
16. 0 × 9
17. 6 × 0
18. 1 × 1

19. 5 × 1
20. 3 × 0
21. 2 × 0
22. 1 × 4
23. 0 × 6
24. 0 × 3

25. 9 × 0
26. 1 × 4
27. 0 × 5
28. 1 × 8
29. 5 × 1
30. 2 × 0

31. 1 × 4
32. 1 × 0
33. 5 × 1
34. 0 × 1
35. 9 × 1
36. 0 × 5

37. 4 × 0
38. 3 × 1
39. 1 × 9
40. 8 × 0
41. 1 × 1
42. 0 × 8

43. 6 × 1
44. 0 × 6
45. 0 × 9
46. 1 × 4
47. 8 × 1
48. 2 × 1

49. 7 × 0
50. 4 × 0
51. 1 × 5
52. 0 × 3
53. 1 × 7
54. 0 × 8

55. 0 × 5
56. 0 × 0
57. 0 × 9
58. 1 × 2
59. 1 × 7
60. 4 × 1

© Libro Studio LLC 2020

Jour 5
Multiplication par 2

Nom: _____ Points: /60 Temps: :

1. 2 × 3
2. 5 × 2
3. 2 × 1
4. 2 × 5
5. 3 × 2
6. 6 × 2
7. 2 × 7
8. 5 × 2
9. 8 × 2
10. 2 × 9
11. 2 × 4
12. 2 × 0
13. 1 × 2
14. 2 × 7
15. 3 × 2
16. 2 × 9
17. 6 × 2
18. 2 × 9
19. 5 × 2
20. 3 × 2
21. 2 × 2
22. 2 × 6
23. 2 × 8
24. 2 × 3
25. 5 × 2
26. 2 × 4
27. 2 × 9
28. 2 × 8
29. 5 × 2
30. 3 × 2
31. 2 × 9
32. 0 × 2
33. 5 × 2
34. 2 × 1
35. 4 × 2
36. 2 × 5
37. 6 × 2
38. 3 × 2
39. 2 × 7
40. 4 × 2
41. 2 × 1
42. 2 × 8
43. 5 × 2
44. 2 × 6
45. 2 × 9
46. 2 × 2
47. 8 × 2
48. 6 × 2
49. 4 × 2
50. 7 × 2
51. 2 × 5
52. 2 × 2
53. 2 × 9
54. 2 × 8
55. 2 × 1
56. 4 × 2
57. 2 × 9
58. 2 × 2
59. 2 × 5
60. 7 × 2

© Libro Studio LLC 2020

Jour 6
Multiplication par 2

Nom: _____ Points: /60 Temps: :

1. 2 × 2
2. 8 × 2
3. 6 × 2
4. 2 × 5
5. 3 × 2
6. 5 × 2
7. 2 × 7
8. 5 × 2
9. 6 × 2
10. 2 × 9
11. 2 × 4
12. 2 × 0
13. 7 × 2
14. 2 × 4
15. 9 × 2
16. 2 × 8
17. 6 × 2
18. 2 × 7
19. 2 × 8
20. 3 × 2
21. 5 × 2
22. 2 × 8
23. 2 × 0
24. 2 × 9
25. 5 × 2
26. 2 × 4
27. 2 × 3
28. 1 × 2
29. 5 × 2
30. 8 × 2
31. 2 × 2
32. 7 × 2
33. 5 × 2
34. 2 × 4
35. 9 × 2
36. 2 × 6
37. 1 × 2
38. 3 × 2
39. 2 × 7
40. 5 × 2
41. 2 × 4
42. 2 × 9
43. 6 × 2
44. 2 × 5
45. 2 × 9
46. 2 × 2
47. 8 × 2
48. 2 × 1
49. 4 × 2
50. 1 × 2
51. 2 × 5
52. 2 × 6
53. 0 × 2
54. 2 × 3
55. 9 × 2
56. 8 × 2
57. 2 × 2
58. 2 × 4
59. 2 × 3
60. 6 × 2

© Libro Studio LLC 2020

Jour 7
Multiplication par 2

Nom: _____ Points: /60 Temps: :

1. 2 x 7	2. 2 x 4	3. 0 x 2	4. 2 x 9	5. 6 x 2	6. 2 x 1
7. 2 x 9	8. 5 x 2	9. 6 x 2	10. 2 x 9	11. 2 x 5	12. 2 x 0
13. 7 x 2	14. 1 x 2	15. 5 x 2	16. 2 x 8	17. 6 x 2	18. 2 x 7
19. 2 x 9	20. 3 x 2	21. 2 x 2	22. 2 x 4	23. 0 x 2	24. 2 x 7
25. 5 x 2	26. 2 x 4	27. 2 x 3	28. 2 x 0	29. 6 x 2	30. 8 x 2
31. 2 x 8	32. 7 x 2	33. 5 x 2	34. 2 x 1	35. 9 x 2	36. 2 x 5
37. 9 x 2	38. 3 x 2	39. 2 x 7	40. 4 x 2	41. 2 x 4	42. 2 x 8
43. 5 x 2	44. 2 x 6	45. 2 x 9	46. 2 x 3	47. 6 x 2	48. 2 x 2
49. 4 x 2	50. 1 x 2	51. 2 x 2	52. 2 x 8	53. 1 x 2	54. 2 x 3
55. 2 x 4	56. 4 x 2	57. 2 x 5	58. 5 x 2	59. 2 x 8	60. 2 x 6

© Libro Studio LLC 2020

Jour 8
Multiplication par 2

Nom: _____ Points: /60 Temps: :

1. 2 × 0
2. 2 × 4
3. 3 × 2
4. 2 × 5
5. 3 × 2
6. 2 × 2
7. 2 × 5
8. 5 × 2
9. 8 × 2
10. 2 × 9
11. 2 × 4
12. 1 × 2
13. 7 × 2
14. 2 × 4
15. 9 × 2
16. 2 × 7
17. 6 × 2
18. 2 × 7
19. 8 × 2
20. 3 × 2
21. 2 × 2
22. 2 × 9
23. 0 × 2
24. 2 × 9
25. 2 × 2
26. 2 × 4
27. 2 × 3
28. 2 × 5
29. 6 × 2
30. 8 × 2
31. 1 × 2
32. 7 × 2
33. 5 × 2
34. 0 × 2
35. 9 × 2
36. 2 × 6
37. 4 × 2
38. 3 × 2
39. 2 × 7
40. 2 × 2
41. 2 × 4
42. 2 × 8
43. 5 × 2
44. 2 × 2
45. 2 × 9
46. 6 × 2
47. 2 × 5
48. 8 × 2
49. 1 × 2
50. 2 × 6
51. 2 × 5
52. 2 × 8
53. 2 × 0
54. 2 × 3
55. 5 × 2
56. 4 × 2
57. 2 × 9
58. 2 × 4
59. 2 × 3
60. 2 × 5

Jour 9
Multiplication par 2

Nom: _____ Points: ___/60 Temps: __:__

1. 2 × 6
2. 2 × 3
3. 7 × 2
4. 2 × 5
5. 3 × 2
6. 2 × 6

7. 2 × 7
8. 5 × 2
9. 8 × 2
10. 2 × 9
11. 2 × 4
12. 2 × 0

13. 6 × 2
14. 2 × 4
15. 3 × 2
16. 2 × 7
17. 6 × 2
18. 2 × 7

19. 5 × 2
20. 3 × 2
21. 2 × 2
22. 2 × 9
23. 2 × 6
24. 2 × 3

25. 9 × 2
26. 2 × 4
27. 2 × 5
28. 2 × 8
29. 6 × 2
30. 2 × 2

31. 1 × 2
32. 7 × 2
33. 5 × 2
34. 2 × 0
35. 9 × 2
36. 2 × 5

37. 4 × 2
38. 3 × 2
39. 2 × 9
40. 3 × 2
41. 2 × 1
42. 2 × 8

43. 5 × 2
44. 2 × 6
45. 2 × 9
46. 2 × 6
47. 8 × 2
48. 2 × 2

49. 2 × 1
50. 0 × 2
51. 2 × 5
52. 2 × 8
53. 2 × 4
54. 2 × 8

55. 2 × 9
56. 4 × 2
57. 2 × 5
58. 2 × 2
59. 2 × 7
60. 4 × 2

© Libro Studio LLC 2020

Jour 10
Multiplication par 2

Nom: _____ Points: /60 Temps: :

1. 2 × 7
2. 2 × 2
3. 2 × 4
4. 2 × 5
5. 3 × 2
6. 1 × 2

7. 8 × 2
8. 5 × 2
9. 2 × 7
10. 2 × 9
11. 2 × 4
12. 2 × 0

13. 2 × 7
14. 2 × 9
15. 3 × 2
16. 2 × 9
17. 6 × 2
18. 2 × 1

19. 6 × 2
20. 3 × 2
21. 2 × 2
22. 2 × 4
23. 2 × 5
24. 2 × 3

25. 9 × 2
26. 2 × 4
27. 2 × 5
28. 2 × 8
29. 5 × 2
30. 2 × 2

31. 2 × 4
32. 1 × 2
33. 5 × 2
34. 0 × 2
35. 9 × 2
36. 2 × 8

37. 4 × 2
38. 3 × 2
39. 2 × 9
40. 8 × 2
41. 2 × 1
42. 2 × 4

43. 0 × 2
44. 2 × 3
45. 2 × 9
46. 2 × 2
47. 8 × 2
48. 6 × 2

49. 7 × 2
50. 4 × 2
51. 2 × 5
52. 2 × 3
53. 2 × 7
54. 2 × 1

55. 2 × 5
56. 6 × 2
57. 2 × 9
58. 8 × 2
59. 2 × 7
60. 2 × 5

© Libro Studio LLC 2020

Jour 11
Multiplication par 2

Nom: _____ Points: /60 Temps: :

1. 7 × 2
2. 2 × 6
3. 2 × 2
4. 2 × 5
5. 2 × 0
6. 6 × 2
7. 2 × 3
8. 5 × 2
9. 8 × 2
10. 2 × 9
11. 2 × 4
12. 2 × 0
13. 1 × 2
14. 2 × 7
15. 3 × 2
16. 2 × 9
17. 5 × 2
18. 2 × 9
19. 6 × 2
20. 3 × 2
21. 2 × 2
22. 2 × 6
23. 2 × 8
24. 2 × 3
25. 5 × 2
26. 2 × 4
27. 2 × 9
28. 2 × 8
29. 5 × 2
30. 3 × 2
31. 2 × 4
32. 0 × 2
33. 5 × 2
34. 2 × 1
35. 9 × 2
36. 2 × 5
37. 6 × 2
38. 2 × 2
39. 2 × 7
40. 4 × 2
41. 2 × 1
42. 2 × 8
43. 5 × 2
44. 2 × 6
45. 2 × 9
46. 2 × 2
47. 8 × 2
48. 6 × 2
49. 4 × 2
50. 7 × 2
51. 2 × 5
52. 2 × 2
53. 2 × 9
54. 2 × 1
55. 2 × 8
56. 4 × 2
57. 2 × 9
58. 3 × 2
59. 2 × 5
60. 7 × 2

© Libro Studio LLC 2020

Jour 12
Multiplication par 3

Nom: _____ Points: /60 Temps: :

1. 7 × 3
2. 3 × 3
3. 3 × 4
4. 3 × 5
5. 3 × 6
6. 3 × 1
7. 3 × 9
8. 5 × 3
9. 6 × 3
10. 3 × 7
11. 3 × 4
12. 3 × 8
13. 7 × 3
14. 3 × 4
15. 9 × 3
16. 3 × 0
17. 6 × 3
18. 3 × 7
19. 3 × 8
20. 3 × 3
21. 5 × 3
22. 3 × 8
23. 3 × 0
24. 3 × 9
25. 5 × 3
26. 3 × 4
27. 3 × 3
28. 1 × 3
29. 5 × 3
30. 8 × 3
31. 2 × 3
32. 7 × 3
33. 5 × 3
34. 3 × 4
35. 9 × 3
36. 3 × 6
37. 1 × 3
38. 3 × 3
39. 3 × 7
40. 5 × 3
41. 3 × 4
42. 3 × 9
43. 6 × 3
44. 3 × 5
45. 3 × 9
46. 2 × 3
47. 8 × 3
48. 3 × 1
49. 4 × 3
50. 1 × 3
51. 3 × 5
52. 3 × 6
53. 0 × 3
54. 3 × 3
55. 9 × 3
56. 8 × 3
57. 3 × 2
58. 3 × 4
59. 3 × 3
60. 6 × 3

© Libro Studio LLC 2020

Jour 13
Multiplication par 3

Nom: _____ Points: /60 Temps: :

1. 3 ×5	2. 7 ×3	3. 3 ×2	4. 3 ×3	5. 6 ×3	6. 5 ×3
7. 3 ×7	8. 5 ×3	9. 6 ×3	10. 3 ×9	11. 3 ×4	12. 3 ×8
13. 7 ×3	14. 3 ×4	15. 9 ×3	16. 3 ×3	17. 6 ×3	18. 3 ×7
19. 3 ×8	20. 3 ×0	21. 5 ×3	22. 3 ×8	23. 3 ×0	24. 3 ×9
25. 3 ×3	26. 3 ×4	27. 5 ×3	28. 1 ×3	29. 6 ×3	30. 8 ×3
31. 3 ×2	32. 7 ×3	33. 5 ×3	34. 3 ×4	35. 9 ×3	36. 3 ×5
37. 1 ×3	38. 3 ×3	39. 3 ×7	40. 5 ×3	41. 3 ×4	42. 3 ×9
43. 6 ×3	44. 3 ×5	45. 3 ×9	46. 3 ×2	47. 8 ×3	48. 3 ×1
49. 4 ×3	50. 1 ×3	51. 3 ×5	52. 3 ×6	53. 0 ×3	54. 3 ×3
55. 9 ×3	56. 8 ×3	57. 2 ×3	58. 3 ×4	59. 3 ×3	60. 6 ×3

© Libro Studio LLC 2020

Jour 14
Multiplication par 3

Nom: _____ Points: /60 Temps: :

1. 3 × 3
2. 2 × 3
3. 5 × 3
4. 0 × 3
5. 3 × 4
6. 3 × 6

7. 3 × 9
8. 5 × 3
9. 6 × 3
10. 3 × 9
11. 3 × 5
12. 3 × 1

13. 7 × 3
14. 0 × 3
15. 5 × 3
16. 3 × 8
17. 6 × 3
18. 3 × 7

19. 3 × 3
20. 4 × 3
21. 3 × 2
22. 3 × 9
23. 0 × 3
24. 3 × 7

25. 5 × 3
26. 3 × 4
27. 3 × 3
28. 3 × 0
29. 6 × 3
30. 8 × 3

31. 3 × 8
32. 7 × 3
33. 4 × 3
34. 3 × 1
35. 9 × 3
36. 3 × 5

37. 3 × 4
38. 3 × 3
39. 3 × 7
40. 5 × 3
41. 3 × 4
42. 3 × 8

43. 5 × 3
44. 3 × 6
45. 3 × 9
46. 3 × 3
47. 6 × 3
48. 3 × 2

49. 9 × 3
50. 1 × 3
51. 3 × 2
52. 3 × 8
53. 1 × 3
54. 3 × 3

55. 3 × 7
56. 4 × 3
57. 3 × 5
58. 5 × 3
59. 3 × 8
60. 3 × 6

© Libro Studio LLC 2020

Jour 15
Multiplication par 3

Nom: _____ Points: /60 Temps: :

1. 3 ×5	2. 3 ×7	3. 3 ×9	4. 3 ×3	5. 4 ×3	6. 5 ×3
7. 3 ×9	8. 5 ×3	9. 8 ×3	10. 3 ×0	11. 3 ×6	12. 1 ×3
13. 7 ×3	14. 3 ×4	15. 9 ×3	16. 3 ×7	17. 6 ×3	18. 3 ×7
19. 8 ×3	20. 3 ×3	21. 2 ×3	22. 3 ×9	23. 0 ×3	24. 3 ×9
25. 3 ×2	26. 3 ×4	27. 2 ×3	28. 3 ×5	29. 6 ×3	30. 8 ×3
31. 1 ×3	32. 7 ×3	33. 5 ×3	34. 0 ×3	35. 9 ×3	36. 3 ×6
37. 4 ×3	38. 3 ×3	39. 3 ×7	40. 2 ×3	41. 3 ×4	42. 3 ×8
43. 5 ×3	44. 3 ×3	45. 3 ×9	46. 6 ×3	47. 3 ×5	48. 8 ×3
49. 1 ×3	50. 3 ×6	51. 3 ×5	52. 3 ×8	53. 3 ×0	54. 3 ×3
55. 5 ×3	56. 4 ×3	57. 3 ×9	58. 3 ×4	59. 3 ×3	60. 3 ×5

© Libro Studio LLC 2020

Jour 16
Multiplication par 3

Nom: _____

Points: /60
Temps: :

1. 3×7
2. 2×3
3. 3×3
4. 3×6
5. 7×3
6. 5×3
7. 3×0
8. 5×3
9. 8×3
10. 3×9
11. 3×4
12. 3×7
13. 6×3
14. 3×4
15. 3×3
16. 3×7
17. 6×3
18. 3×1
19. 5×3
20. 6×3
21. 3×2
22. 3×9
23. 3×3
24. 2×3
25. 9×3
26. 3×4
27. 3×5
28. 3×8
29. 6×3
30. 2×3
31. 1×3
32. 7×3
33. 5×3
34. 3×0
35. 9×3
36. 3×5
37. 4×3
38. 3×2
39. 9×3
40. 3×3
41. 3×1
42. 3×8
43. 5×3
44. 3×6
45. 3×9
46. 3×6
47. 8×3
48. 3×2
49. 3×1
50. 0×3
51. 3×5
52. 3×8
53. 3×4
54. 3×8
55. 3×9
56. 4×3
57. 3×5
58. 2×3
59. 3×7
60. 4×3

© Libro Studio LLC 2020

Jour 17
Multiplication par 3

Nom: _____ Points: /60 Temps: :

1. 6 × 3
2. 3 × 8
3. 3 × 5
4. 1 × 3
5. 4 × 3
6. 8 × 3
7. 3 × 7
8. 5 × 3
9. 8 × 3
10. 3 × 9
11. 3 × 4
12. 3 × 2
13. 6 × 3
14. 3 × 4
15. 3 × 3
16. 3 × 7
17. 6 × 3
18. 3 × 7
19. 5 × 3
20. 3 × 9
21. 3 × 2
22. 3 × 7
23. 3 × 6
24. 2 × 3
25. 3 × 3
26. 3 × 4
27. 3 × 5
28. 3 × 8
29. 6 × 3
30. 0 × 3
31. 1 × 3
32. 7 × 3
33. 5 × 3
34. 3 × 0
35. 9 × 3
36. 3 × 5
37. 4 × 3
38. 3 × 3
39. 3 × 9
40. 3 × 2
41. 3 × 1
42. 3 × 8
43. 5 × 3
44. 3 × 6
45. 3 × 9
46. 0 × 3
47. 8 × 3
48. 2 × 3
49. 3 × 1
50. 6 × 3
51. 3 × 5
52. 3 × 8
53. 3 × 4
54. 5 × 3
55. 3 × 9
56. 4 × 3
57. 3 × 5
58. 3 × 2
59. 3 × 7
60. 8 × 3

Jour 18
Multiplication par 3

Nom: _____ Points: /60 Temps: :

1. 3 × 8
2. 1 × 3
3. 3 × 9
4. 6 × 3
5. 3 × 7
6. 8 × 3
7. 3 × 2
8. 5 × 3
9. 0 × 3
10. 3 × 9
11. 3 × 4
12. 1 × 3
13. 3 × 7
14. 3 × 3
15. 3 × 9
16. 3 × 4
17. 6 × 3
18. 2 × 3
19. 6 × 3
20. 3 × 3
21. 2 × 3
22. 3 × 4
23. 3 × 5
24. 3 × 3
25. 9 × 3
26. 3 × 4
27. 3 × 5
28. 3 × 8
29. 5 × 3
30. 3 × 2
31. 3 × 4
32. 1 × 3
33. 5 × 3
34. 0 × 3
35. 9 × 3
36. 3 × 8
37. 4 × 3
38. 3 × 3
39. 3 × 9
40. 8 × 3
41. 3 × 1
42. 3 × 4
43. 0 × 3
44. 3 × 3
45. 3 × 9
46. 2 × 3
47. 8 × 3
48. 6 × 3
49. 7 × 3
50. 4 × 3
51. 3 × 5
52. 3 × 3
53. 3 × 7
54. 3 × 1
55. 3 × 5
56. 6 × 3
57. 3 × 9
58. 8 × 3
59. 3 × 7
60. 3 × 5

© Libro Studio LLC 2020

Jour 19
Multiplication par 4

Nom: _____
Points: /60
Temps: :

1. 4 × 0	2. 6 × 4	3. 4 × 2	4. 4 × 9	5. 4 × 4	6. 4 × 5
7. 2 × 4	8. 5 × 4	9. 8 × 4	10. 4 × 9	11. 4 × 4	12. 0 × 4
13. 1 × 4	14. 4 × 7	15. 3 × 4	16. 4 × 9	17. 5 × 4	18. 2 × 4
19. 6 × 4	20. 3 × 4	21. 4 × 2	22. 4 × 6	23. 4 × 8	24. 4 × 3
25. 5 × 4	26. 4 × 4	27. 4 × 9	28. 4 × 8	29. 5 × 4	30. 3 × 4
31. 4 × 4	32. 0 × 4	33. 5 × 4	34. 4 × 1	35. 9 × 4	36. 4 × 5
37. 6 × 4	38. 4 × 2	39. 4 × 7	40. 4 × 4	41. 4 × 1	42. 4 × 8
43. 5 × 4	44. 4 × 6	45. 4 × 9	46. 2 × 4	47. 8 × 4	48. 6 × 4
49. 4 × 4	50. 7 × 4	51. 4 × 5	52. 4 × 2	53. 4 × 9	54. 4 × 1
55. 4 × 8	56. 4 × 2	57. 4 × 9	58. 3 × 4	59. 4 × 5	60. 7 × 4

Jour 20
Multiplication par 4

Nom: _____ Points: /60 Temps: :

1. 4 × 6
2. 4 × 1
3. 2 × 4
4. 4 × 9
5. 4 × 2
6. 7 × 4

7. 4 × 9
8. 5 × 4
9. 6 × 4
10. 4 × 7
11. 8 × 4
12. 4 × 4

13. 7 × 4
14. 4 × 4
15. 9 × 4
16. 4 × 0
17. 6 × 4
18. 4 × 7

19. 4 × 8
20. 3 × 4
21. 5 × 4
22. 4 × 8
23. 4 × 0
24. 4 × 9

25. 5 × 4
26. 1 × 4
27. 4 × 3
28. 4 × 4
29. 5 × 4
30. 8 × 4

31. 2 × 4
32. 7 × 4
33. 5 × 4
34. 9 × 4
35. 4 × 4
36. 4 × 6

37. 1 × 4
38. 4 × 3
39. 4 × 7
40. 5 × 4
41. 4 × 4
42. 4 × 9

43. 6 × 4
44. 0 × 4
45. 4 × 9
46. 2 × 4
47. 8 × 4
48. 4 × 1

49. 4 × 5
50. 1 × 4
51. 4 × 4
52. 4 × 6
53. 4 × 9
54. 4 × 3

55. 9 × 4
56. 8 × 4
57. 4 × 2
58. 4 × 4
59. 4 × 3
60. 6 × 4

© Libro Studio LLC 2020

Jour 21
Multiplication par 4

Nom: _____ Points: /60 Temps: :

1. 4 × 9
2. 4 × 6
3. 4 × 7
4. 4 × 5
5. 3 × 4
6. 6 × 4

7. 4 × 7
8. 5 × 4
9. 6 × 4
10. 4 × 9
11. 3 × 4
12. 4 × 8

13. 5 × 4
14. 3 × 4
15. 9 × 4
16. 4 × 4
17. 6 × 4
18. 4 × 7

19. 4 × 8
20. 4 × 3
21. 7 × 4
22. 4 × 8
23. 4 × 2
24. 4 × 9

25. 4 × 0
26. 3 × 4
27. 5 × 4
28. 1 × 4
29. 6 × 4
30. 8 × 4

31. 4 × 2
32. 7 × 4
33. 5 × 4
34. 4 × 4
35. 9 × 4
36. 4 × 5

37. 1 × 4
38. 0 × 4
39. 4 × 7
40. 5 × 4
41. 8 × 4
42. 4 × 9

43. 6 × 4
44. 4 × 5
45. 4 × 9
46. 4 × 2
47. 4 × 4
48. 4 × 1

49. 4 × 3
50. 1 × 4
51. 4 × 5
52. 4 × 6
53. 0 × 4
54. 3 × 4

55. 9 × 4
56. 8 × 4
57. 2 × 4
58. 4 × 5
59. 4 × 3
60. 6 × 4

Jour 22
Multiplication par 4

Nom: _____ Points: /60 Temps: :

1. 1 × 4
2. 4 × 7
3. 2 × 4
4. 4 × 8
5. 9 × 4
6. 4 × 3

7. 4 × 9
8. 5 × 4
9. 6 × 4
10. 4 × 9
11. 4 × 5
12. 4 × 1

13. 7 × 4
14. 0 × 4
15. 5 × 4
16. 4 × 8
17. 6 × 4
18. 4 × 7

19. 4 × 3
20. 4 × 0
21. 4 × 2
22. 4 × 7
23. 4 × 4
24. 9 × 4

25. 5 × 4
26. 3 × 4
27. 4 × 2
28. 4 × 7
29. 6 × 4
30. 1 × 4

31. 4 × 8
32. 7 × 4
33. 4 × 4
34. 4 × 1
35. 9 × 4
36. 4 × 5

37. 4 × 7
38. 4 × 3
39. 4 × 7
40. 5 × 4
41. 4 × 8
42. 4 × 4

43. 5 × 4
44. 4 × 6
45. 4 × 9
46. 3 × 4
47. 6 × 4
48. 4 × 2

49. 9 × 4
50. 1 × 4
51. 4 × 2
52. 4 × 8
53. 1 × 4
54. 4 × 3

55. 3 × 4
56. 4 × 8
57. 4 × 5
58. 6 × 4
59. 3 × 4
60. 8 × 4

© Libro Studio LLC 2020

Jour 23
Multiplication par 4

Nom: _____ Points: /60 Temps: :

1. 6 × 4
2. 4 × 8
3. 4 × 6
4. 1 × 4
5. 4 × 3
6. 4 × 4

7. 4 × 0
8. 5 × 4
9. 8 × 4
10. 4 × 9
11. 4 × 6
12. 1 × 4

13. 4 × 4
14. 7 × 4
15. 9 × 4
16. 4 × 7
17. 6 × 4
18. 4 × 2

19. 8 × 4
20. 3 × 4
21. 2 × 4
22. 4 × 9
23. 4 × 3
24. 4 × 0

25. 4 × 2
26. 3 × 4
27. 2 × 4
28. 4 × 5
29. 6 × 4
30. 8 × 4

31. 1 × 4
32. 7 × 4
33. 5 × 4
34. 4 × 3
35. 4 × 4
36. 4 × 6

37. 4 × 3
38. 0 × 4
39. 4 × 7
40. 2 × 4
41. 9 × 4
42. 4 × 8

43. 5 × 4
44. 4 × 3
45. 4 × 9
46. 6 × 4
47. 4 × 5
48. 8 × 4

49. 1 × 4
50. 4 × 0
51. 4 × 5
52. 8 × 4
53. 4 × 6
54. 3 × 4

55. 5 × 4
56. 4 × 7
57. 4 × 9
58. 3 × 4
59. 4 × 4
60. 4 × 5

Jour 24
Multiplication par 4

Nom: _____ Points: /60 Temps: :

1. 4×7
2. 8×4
3. 4×2
4. 9×4
5. 3×4
6. 4×6

7. 3×4
8. 5×4
9. 8×4
10. 4×9
11. 4×4
12. 4×2

13. 6×4
14. 4×4
15. 3×4
16. 4×7
17. 6×4
18. 4×7

19. 5×4
20. 4×9
21. 4×2
22. 4×7
23. 4×6
24. 2×4

25. 4×4
26. 3×4
27. 4×5
28. 4×8
29. 6×4
30. 4×1

31. 4×3
32. 7×4
33. 5×4
34. 2×4
35. 9×4
36. 4×0

37. 4×6
38. 3×4
39. 4×9
40. 4×2
41. 4×1
42. 4×8

43. 5×4
44. 4×6
45. 4×9
46. 0×4
47. 8×4
48. 2×4

49. 4×1
50. 6×4
51. 4×5
52. 4×8
53. 4×4
54. 5×4

55. 4×9
56. 4×4
57. 4×5
58. 4×2
59. 4×7
60. 8×4

© Libro Studio LLC 2020

Jour 25
Multiplication par 4

Nom: _____ Points: /60 Temps: :

1. 7 × 4	2. 4 × 1	3. 5 × 4	4. 4 × 2	5. 4 × 0	6. 4 × 5
7. 4 × 2	8. 5 × 4	9. 0 × 4	10. 4 × 9	11. 4 × 4	12. 1 × 4
13. 4 × 7	14. 3 × 4	15. 4 × 9	16. 4 × 4	17. 6 × 4	18. 2 × 4
19. 6 × 4	20. 4 × 4	21. 2 × 4	22. 3 × 4	23. 4 × 5	24. 4 × 3
25. 9 × 4	26. 3 × 4	27. 4 × 5	28. 4 × 8	29. 5 × 4	30. 4 × 2
31. 4 × 4	32. 0 × 4	33. 5 × 4	34. 1 × 4	35. 9 × 4	36. 4 × 8
37. 7 × 4	38. 6 × 4	39. 4 × 9	40. 8 × 4	41. 4 × 1	42. 4 × 4
43. 4 × 3	44. 4 × 5	45. 4 × 9	46. 2 × 4	47. 8 × 4	48. 6 × 4
49. 7 × 4	50. 4 × 3	51. 4 × 5	52. 4 × 4	53. 4 × 7	54. 4 × 1
55. 4 × 5	56. 6 × 4	57. 4 × 9	58. 8 × 4	59. 4 × 7	60. 4 × 5

© Libro Studio LLC 2020

Jour 26
Multiplication par 5

Nom: _____ Points: /60 Temps: :

1. 5 × 0
2. 5 × 5
3. 5 × 8
4. 2 × 5
5. 9 × 5
6. 8 × 5
7. 2 × 5
8. 7 × 5
9. 5 × 5
10. 5 × 9
11. 4 × 5
12. 6 × 5
13. 1 × 5
14. 5 × 7
15. 0 × 5
16. 5 × 9
17. 5 × 5
18. 2 × 5
19. 6 × 5
20. 3 × 5
21. 5 × 2
22. 5 × 6
23. 5 × 8
24. 5 × 3
25. 5 × 5
26. 5 × 4
27. 5 × 9
28. 5 × 8
29. 5 × 5
30. 3 × 5
31. 4 × 5
32. 0 × 5
33. 5 × 5
34. 5 × 1
35. 9 × 5
36. 5 × 5
37. 6 × 5
38. 5 × 2
39. 5 × 7
40. 4 × 5
41. 5 × 1
42. 5 × 8
43. 5 × 5
44. 5 × 6
45. 5 × 9
46. 2 × 5
47. 8 × 5
48. 6 × 5
49. 5 × 4
50. 7 × 5
51. 3 × 5
52. 5 × 2
53. 5 × 9
54. 5 × 1
55. 5 × 8
56. 5 × 2
57. 5 × 9
58. 3 × 5
59. 5 × 5
60. 7 × 5

© Libro Studio LLC 2020

Jour 27
Multiplication par 5

Nom: _____ Points: /60 Temps: :

1. 5 × 2
2. 5 × 8
3. 6 × 5
4. 5 × 9
5. 3 × 5
6. 4 × 5
7. 5 × 9
8. 5 × 4
9. 8 × 5
10. 5 × 7
11. 6 × 5
12. 5 × 4
13. 7 × 5
14. 5 × 4
15. 9 × 5
16. 5 × 0
17. 6 × 5
18. 5 × 7
19. 5 × 8
20. 3 × 5
21. 5 × 8
22. 4 × 5
23. 5 × 1
24. 5 × 5
25. 5 × 0
26. 1 × 5
27. 5 × 3
28. 5 × 4
29. 5 × 6
30. 8 × 5
31. 2 × 5
32. 7 × 5
33. 5 × 3
34. 9 × 5
35. 5 × 4
36. 5 × 6
37. 1 × 5
38. 5 × 5
39. 5 × 7
40. 5 × 2
41. 5 × 4
42. 5 × 9
43. 6 × 5
44. 5 × 7
45. 5 × 9
46. 2 × 5
47. 8 × 5
48. 5 × 1
49. 4 × 5
50. 1 × 5
51. 5 × 5
52. 5 × 6
53. 5 × 9
54. 5 × 3
55. 9 × 5
56. 5 × 0
57. 5 × 2
58. 5 × 4
59. 5 × 3
60. 6 × 5

Jour 28
Multiplication par 5

Nom: _____   Points: /60   Temps: :

1. 3 × 5
2. 8 × 5
3. 7 × 5
4. 5 × 5
5. 2 × 5
6. 5 × 4
7. 5 × 8
8. 6 × 5
9. 7 × 5
10. 5 × 9
11. 3 × 5
12. 5 × 2
13. 5 × 9
14. 3 × 5
15. 7 × 5
16. 5 × 5
17. 6 × 5
18. 4 × 5
19. 5 × 3
20. 4 × 5
21. 7 × 5
22. 5 × 8
23. 5 × 2
24. 5 × 9
25. 5 × 2
26. 3 × 5
27. 5 × 5
28. 1 × 5
29. 6 × 5
30. 8 × 5
31. 5 × 4
32. 7 × 5
33. 5 × 1
34. 5 × 4
35. 9 × 5
36. 0 × 5
37. 1 × 5
38. 5 × 5
39. 5 × 7
40. 5 × 4
41. 8 × 5
42. 5 × 9
43. 6 × 5
44. 5 × 9
45. 5 × 5
46. 5 × 2
47. 4 × 5
48. 5 × 1
49. 5 × 3
50. 1 × 5
51. 4 × 5
52. 5 × 6
53. 9 × 5
54. 3 × 5
55. 6 × 5
56. 8 × 5
57. 2 × 5
58. 7 × 5
59. 5 × 3
60. 0 × 5

© Libro Studio LLC 2020

Jour 29
Multiplication par 5

Nom: _____   Points: /60   Temps: :

1. 5 ×5
2. 5 ×7
3. 5 ×1
4. 2 ×5
5. 3 ×5
6. 5 ×6
7. 5 ×4
8. 5 ×1
9. 6 ×5
10. 5 ×9
11. 4 ×5
12. 5 ×3
13. 7 ×5
14. 5 ×2
15. 5 ×4
16. 5 ×8
17. 0 ×5
18. 5 ×7
19. 6 ×5
20. 4 ×5
21. 5 ×2
22. 5 ×7
23. 9 ×5
24. 5 ×5
25. 5 ×4
26. 3 ×5
27. 5 ×2
28. 5 ×7
29. 6 ×5
30. 1 ×5
31. 4 ×5
32. 7 ×5
33. 5 ×4
34. 5 ×1
35. 9 ×5
36. 7 ×5
37. 5 ×5
38. 5 ×3
39. 5 ×7
40. 5 ×6
41. 5 ×8
42. 5 ×4
43. 5 ×1
44. 5 ×6
45. 5 ×9
46. 3 ×5
47. 6 ×5
48. 5 ×2
49. 9 ×5
50. 1 ×5
51. 5 ×2
52. 5 ×8
53. 5 ×5
54. 5 ×3
55. 5 ×1
56. 5 ×8
57. 4 ×5
58. 6 ×5
59. 3 ×5
60. 8 ×5

© Libro Studio LLC 2020

Jour 30
Multiplication par 5

Nom: _____ Points: /60 Temps: :

1. 5 × 3	2. 7 × 5	3. 5 × 8	4. 9 × 5	5. 5 × 0	6. 5 × 7
7. 5 × 0	8. 8 × 5	9. 5 × 5	10. 5 × 9	11. 5 × 6	12. 1 × 5
13. 5 × 4	14. 7 × 5	15. 9 × 5	16. 5 × 7	17. 6 × 5	18. 5 × 2
19. 8 × 5	20. 3 × 5	21. 2 × 5	22. 5 × 9	23. 5 × 3	24. 5 × 0
25. 5 × 2	26. 3 × 5	27. 2 × 5	28. 5 × 5	29. 6 × 5	30. 8 × 5
31. 1 × 5	32. 7 × 5	33. 5 × 5	34. 5 × 3	35. 5 × 4	36. 5 × 6
37. 5 × 3	38. 0 × 5	39. 5 × 7	40. 2 × 5	41. 9 × 5	42. 5 × 8
43. 5 × 3	44. 5 × 5	45. 5 × 9	46. 6 × 5	47. 5 × 5	48. 8 × 5
49. 1 × 5	50. 5 × 0	51. 5 × 5	52. 8 × 5	53. 5 × 6	54. 3 × 5
55. 5 × 5	56. 5 × 3	57. 5 × 9	58. 5 × 7	59. 4 × 5	60. 5 × 5

Jour 31
Multiplication par 5

Nom: _____

Points: /60   Temps: :

1. 0 × 5
2. 5 × 8
3. 5 × 2
4. 5 × 1
5. 2 × 5
6. 7 × 5
7. 3 × 5
8. 5 × 2
9. 8 × 5
10. 4 × 5
11. 5 × 9
12. 5 × 5
13. 7 × 5
14. 5 × 4
15. 3 × 5
16. 5 × 9
17. 6 × 5
18. 5 × 7
19. 5 × 2
20. 5 × 9
21. 5 × 4
22. 5 × 7
23. 5 × 6
24. 2 × 5
25. 5 × 4
26. 3 × 5
27. 5 × 1
28. 5 × 8
29. 6 × 5
30. 5 × 5
31. 5 × 3
32. 7 × 5
33. 5 × 6
34. 2 × 5
35. 9 × 5
36. 5 × 1
37. 5 × 5
38. 3 × 5
39. 5 × 9
40. 4 × 5
41. 5 × 0
42. 8 × 5
43. 5 × 4
44. 5 × 6
45. 5 × 9
46. 0 × 5
47. 8 × 5
48. 2 × 5
49. 5 × 1
50. 5 × 5
51. 6 × 5
52. 5 × 8
53. 5 × 4
54. 5 × 4
55. 5 × 9
56. 5 × 8
57. 4 × 5
58. 5 × 2
59. 5 × 7
60. 5 × 5

Jour 32
Multiplication par 5

Nom: _____ Points: /60 Temps: :

1. 5 × 7
2. 5 × 2
3. 1 × 5
4. 4 × 5
5. 5 × 6
6. 5 × 8
7. 1 × 5
8. 7 × 5
9. 5 × 5
10. 5 × 9
11. 4 × 5
12. 6 × 5
13. 2 × 5
14. 5 × 7
15. 0 × 5
16. 5 × 9
17. 5 × 5
18. 2 × 5
19. 4 × 5
20. 3 × 5
21. 5 × 2
22. 5 × 6
23. 5 × 8
24. 5 × 3
25. 5 × 5
26. 5 × 4
27. 5 × 9
28. 5 × 8
29. 5 × 5
30. 4 × 5
31. 6 × 5
32. 0 × 5
33. 5 × 5
34. 5 × 1
35. 9 × 5
36. 5 × 3
37. 6 × 5
38. 5 × 2
39. 5 × 7
40. 4 × 5
41. 5 × 1
42. 5 × 5
43. 5 × 4
44. 5 × 6
45. 5 × 9
46. 2 × 5
47. 8 × 5
48. 6 × 5
49. 5 × 8
50. 7 × 5
51. 3 × 5
52. 5 × 2
53. 5 × 9
54. 5 × 1
55. 5 × 5
56. 5 × 2
57. 5 × 9
58. 3 × 5
59. 5 × 8
60. 7 × 5

© Libro Studio LLC 2020

Jour 33
Multiplication par 6

Nom: _____ Points: /60 Temps: :

1. 6 × 4	2. 9 × 6	3. 6 × 8	4. 6 × 5	5. 6 × 6	6. 7 × 6
7. 6 × 2	8. 5 × 6	9. 0 × 6	10. 6 × 9	11. 6 × 4	12. 1 × 6
13. 6 × 7	14. 3 × 6	15. 6 × 9	16. 6 × 4	17. 6 × 6	18. 2 × 6
19. 6 × 6	20. 6 × 4	21. 2 × 6	22. 3 × 6	23. 6 × 5	24. 6 × 3
25. 9 × 6	26. 3 × 6	27. 6 × 5	28. 6 × 8	29. 5 × 6	30. 6 × 2
31. 4 × 6	32. 0 × 6	33. 6 × 5	34. 1 × 6	35. 9 × 6	36. 6 × 8
37. 7 × 6	38. 6 × 0	39. 6 × 9	40. 8 × 6	41. 6 × 1	42. 6 × 6
43. 6 × 3	44. 6 × 5	45. 6 × 9	46. 2 × 6	47. 8 × 6	48. 6 × 6
49. 7 × 6	50. 6 × 3	51. 6 × 5	52. 4 × 6	53. 6 × 7	54. 6 × 1
55. 6 × 5	56. 6 × 6	57. 6 × 9	58. 8 × 6	59. 6 × 7	60. 6 × 5

© Libro Studio LLC 2020

Jour 34
Multiplication par 6

Nom: _____ Points: /60 Temps: :

1. 6 × 6	2. 6 × 3	3. 7 × 6	4. 6 × 8	5. 3 × 6	6. 6 × 5
7. 6 × 9	8. 6 × 4	9. 8 × 6	10. 6 × 7	11. 6 × 6	12. 6 × 4
13. 7 × 6	14. 6 × 4	15. 9 × 6	16. 6 × 0	17. 6 × 5	18. 6 × 7
19. 6 × 6	20. 3 × 6	21. 6 × 8	22. 6 × 5	23. 6 × 1	24. 0 × 6
25. 5 × 6	26. 1 × 6	27. 6 × 3	28. 6 × 4	29. 8 × 6	30. 6 × 6
31. 2 × 6	32. 7 × 6	33. 6 × 3	34. 9 × 6	35. 6 × 4	36. 1 × 6
37. 6 × 6	38. 5 × 6	39. 6 × 7	40. 6 × 2	41. 4 × 6	42. 6 × 9
43. 6 × 8	44. 7 × 6	45. 6 × 9	46. 2 × 6	47. 6 × 6	48. 6 × 1
49. 4 × 6	50. 6 × 6	51. 6 × 5	52. 1 × 6	53. 6 × 9	54. 6 × 3
55. 6 × 6	56. 5 × 6	57. 6 × 2	58. 6 × 4	59. 6 × 3	60. 6 × 9

© Libro Studio LLC 2020

Jour 35
Multiplication par 6

Nom: _____ Points: /60 Temps: :

1. 0 × 6
2. 6 × 4
3. 2 × 6
4. 9 × 6
5. 6 × 8
6. 4 × 6
7. 6 × 8
8. 6 × 6
9. 7 × 6
10. 6 × 9
11. 3 × 6
12. 6 × 2
13. 6 × 9
14. 3 × 6
15. 7 × 6
16. 6 × 5
17. 4 × 6
18. 6 × 5
19. 6 × 3
20. 6 × 6
21. 7 × 6
22. 6 × 8
23. 6 × 2
24. 6 × 9
25. 6 × 2
26. 3 × 6
27. 6 × 5
28. 1 × 6
29. 6 × 4
30. 8 × 6
31. 6 × 4
32. 7 × 6
33. 6 × 1
34. 6 × 6
35. 9 × 6
36. 6 × 3
37. 6 × 5
38. 8 × 6
39. 6 × 7
40. 6 × 4
41. 0 × 6
42. 6 × 9
43. 6 × 1
44. 6 × 9
45. 5 × 6
46. 6 × 2
47. 4 × 6
48. 6 × 5
49. 6 × 3
50. 6 × 6
51. 4 × 6
52. 2 × 6
53. 9 × 6
54. 3 × 6
55. 6 × 1
56. 8 × 6
57. 2 × 6
58. 7 × 6
59. 6 × 3
60. 1 × 6

Jour 36
Multiplication par 6

Nom: _____ Points: /60 Temps: :

1. 7 × 6
2. 6 × 3
3. 2 × 6
4. 6 × 1
5. 3 × 6
6. 6 × 8
7. 6 × 4
8. 6 × 1
9. 6 × 2
10. 6 × 9
11. 4 × 6
12. 6 × 3
13. 7 × 6
14. 6 × 2
15. 6 × 4
16. 6 × 8
17. 0 × 6
18. 6 × 7
19. 6 × 3
20. 4 × 6
21. 6 × 1
22. 6 × 7
23. 9 × 6
24. 6 × 5
25. 6 × 4
26. 6 × 6
27. 6 × 2
28. 6 × 7
29. 6 × 6
30. 1 × 6
31. 4 × 6
32. 7 × 6
33. 6 × 4
34. 6 × 1
35. 9 × 6
36. 7 × 6
37. 6 × 6
38. 6 × 3
39. 6 × 7
40. 5 × 6
41. 6 × 8
42. 6 × 4
43. 6 × 1
44. 5 × 6
45. 6 × 9
46. 3 × 6
47. 6 × 2
48. 6 × 6
49. 9 × 6
50. 1 × 6
51. 6 × 2
52. 6 × 8
53. 5 × 6
54. 6 × 3
55. 6 × 1
56. 5 × 6
57. 4 × 6
58. 6 × 8
59. 3 × 6
60. 8 × 6

© Libro Studio LLC 2020

Jour 37
Multiplication par 6

Nom: _____

Points: /60   Temps: :

1. 6 × 2
2. 2 × 6
3. 6 × 8
4. 9 × 6
5. 4 × 6
6. 6 × 3
7. 6 × 0
8. 8 × 6
9. 6 × 5
10. 6 × 9
11. 6 × 6
12. 1 × 6
13. 6 × 8
14. 7 × 6
15. 9 × 6
16. 6 × 7
17. 6 × 2
18. 6 × 0
19. 8 × 6
20. 3 × 6
21. 2 × 6
22. 6 × 9
23. 6 × 3
24. 6 × 2
25. 6 × 5
26. 0 × 6
27. 2 × 6
28. 3 × 6
29. 6 × 5
30. 8 × 6
31. 1 × 6
32. 7 × 6
33. 5 × 6
34. 6 × 3
35. 6 × 4
36. 6 × 6
37. 6 × 3
38. 1 × 6
39. 6 × 7
40. 2 × 6
41. 9 × 6
42. 6 × 8
43. 6 × 3
44. 6 × 5
45. 6 × 9
46. 3 × 6
47. 6 × 5
48. 8 × 6
49. 1 × 6
50. 4 × 6
51. 6 × 5
52. 8 × 6
53. 5 × 6
54. 3 × 6
55. 6 × 2
56. 6 × 0
57. 6 × 9
58. 6 × 7
59. 4 × 6
60. 5 × 6

© Libro Studio LLC 2020

Jour 38
Multiplication par 6

Nom: _____ Points: /60 Temps: :

1. 4 × 6
2. 1 × 6
3. 6 × 2
4. 6 × 8
5. 6 × 7
6. 3 × 6

7. 6 × 5
8. 6 × 2
9. 8 × 6
10. 4 × 6
11. 6 × 9
12. 6 × 5

13. 7 × 6
14. 6 × 4
15. 3 × 6
16. 5 × 6
17. 6 × 6
18. 6 × 7

19. 6 × 2
20. 6 × 9
21. 6 × 6
22. 6 × 7
23. 4 × 6
24. 2 × 6

25. 6 × 0
26. 3 × 6
27. 6 × 1
28. 6 × 8
29. 2 × 6
30. 6 × 5

31. 6 × 6
32. 6 × 1
33. 5 × 6
34. 2 × 6
35. 9 × 6
36. 6 × 1

37. 7 × 6
38. 3 × 6
39. 6 × 9
40. 6 × 2
41. 6 × 4
42. 6 × 8

43. 5 × 6
44. 3 × 6
45. 6 × 9
46. 6 × 5
47. 8 × 6
48. 2 × 6

49. 6 × 9
50. 5 × 6
51. 6 × 6
52. 6 × 8
53. 6 × 4
54. 6 × 1

55. 6 × 2
56. 6 × 8
57. 4 × 6
58. 6 × 6
59. 6 × 7
60. 1 × 6

© Libro Studio LLC 2020

Jour 39
Multiplication par 6

Nom: _____ Points: /60 Temps: :

1. 9 × 6
2. 6 × 6
3. 6 × 8
4. 1 × 6
5. 7 × 6
6. 6 × 5

7. 6 × 5
8. 7 × 6
9. 1 × 6
10. 6 × 9
11. 4 × 6
12. 6 × 3

13. 2 × 6
14. 6 × 7
15. 6 × 5
16. 6 × 9
17. 6 × 0
18. 2 × 6

19. 4 × 6
20. 6 × 6
21. 6 × 2
22. 1 × 6
23. 6 × 8
24. 6 × 3

25. 0 × 6
26. 6 × 4
27. 6 × 9
28. 6 × 8
29. 5 × 6
30. 4 × 6

31. 6 × 2
32. 7 × 6
33. 6 × 5
34. 6 × 1
35. 9 × 6
36. 6 × 6

37. 6 × 5
38. 6 × 2
39. 6 × 7
40. 4 × 6
41. 6 × 1
42. 3 × 6

43. 6 × 4
44. 8 × 6
45. 6 × 9
46. 2 × 6
47. 0 × 6
48. 6 × 1

49. 6 × 8
50. 7 × 6
51. 3 × 6
52. 6 × 2
53. 6 × 9
54. 6 × 7

55. 5 × 6
56. 6 × 2
57. 6 × 9
58. 3 × 6
59. 6 × 8
60. 1 × 6

© Libro Studio LLC 2020

Jour 40
Multiplication par 7

Nom: _____ Points: /60 Temps: :

1. 3 ×7	2. 6 ×7	3. 7 ×2	4. 1 ×7	5. 7 ×7	6. 8 ×7
7. 7 ×2	8. 5 ×7	9. 0 ×7	10. 7 ×9	11. 7 ×4	12. 1 ×7
13. 7 ×7	14. 3 ×7	15. 7 ×9	16. 7 ×4	17. 7 ×6	18. 2 ×7
19. 6 ×7	20. 7 ×4	21. 2 ×7	22. 3 ×7	23. 7 ×5	24. 7 ×3
25. 9 ×7	26. 1 ×7	27. 7 ×5	28. 7 ×8	29. 5 ×7	30. 7 ×2
31. 4 ×7	32. 0 ×7	33. 7 ×5	34. 1 ×7	35. 9 ×7	36. 7 ×8
37. 7 ×7	38. 7 ×5	39. 7 ×9	40. 8 ×7	41. 7 ×1	42. 7 ×6
43. 7 ×3	44. 9 ×7	45. 6 ×7	46. 2 ×7	47. 8 ×7	48. 7 ×6
49. 7 ×0	50. 7 ×3	51. 7 ×5	52. 4 ×7	53. 7 ×6	54. 7 ×1
55. 7 ×5	56. 7 ×7	57. 7 ×9	58. 8 ×7	59. 2 ×7	60. 7 ×3

© Libro Studio LLC 2020

Jour 41
Multiplication par 7

Nom: _____   Points: /60   Temps: :

1. 7 × 4
2. 7 × 3
3. 7 × 2
4. 5 × 7
5. 7 × 0
6. 9 × 7

7. 7 × 9
8. 7 × 4
9. 8 × 7
10. 4 × 7
11. 7 × 6
12. 7 × 7

13. 7 × 0
14. 7 × 4
15. 9 × 7
16. 7 × 6
17. 7 × 5
18. 2 × 7

19. 7 × 6
20. 3 × 7
21. 7 × 8
22. 7 × 5
23. 7 × 1
24. 0 × 7

25. 5 × 7
26. 1 × 7
27. 7 × 3
28. 7 × 4
29. 8 × 7
30. 7 × 6

31. 7 × 7
32. 2 × 7
33. 7 × 3
34. 9 × 7
35. 7 × 4
36. 1 × 7

37. 7 × 6
38. 5 × 7
39. 9 × 7
40. 7 × 2
41. 7 × 4
42. 7 × 7

43. 7 × 8
44. 6 × 7
45. 7 × 9
46. 2 × 7
47. 7 × 6
48. 7 × 4

49. 1 × 7
50. 7 × 6
51. 7 × 5
52. 4 × 7
53. 7 × 9
54. 7 × 3

55. 7 × 6
56. 5 × 7
57. 7 × 2
58. 7 × 1
59. 7 × 3
60. 7 × 9

© Libro Studio LLC 2020

Jour 42
Multiplication par 7

Nom: _____ Points: /60 Temps: :

1. 7 × 9
2. 7 × 3
3. 6 × 7
4. 2 × 7
5. 8 × 7
6. 7 × 5

7. 7 × 1
8. 7 × 4
9. 7 × 6
10. 9 × 7
11. 3 × 7
12. 7 × 5

13. 6 × 7
14. 7 × 3
15. 7 × 8
16. 5 × 7
17. 7 × 1
18. 7 × 2

19. 7 × 7
20. 7 × 6
21. 9 × 7
22. 7 × 8
23. 2 × 7
24. 7 × 4

25. 7 × 2
26. 3 × 7
27. 7 × 5
28. 1 × 7
29. 7 × 4
30. 8 × 7

31. 7 × 4
32. 7 × 0
33. 7 × 1
34. 7 × 6
35. 9 × 7
36. 7 × 3

37. 7 × 5
38. 8 × 7
39. 6 × 7
40. 7 × 4
41. 0 × 7
42. 7 × 9

43. 7 × 7
44. 7 × 1
45. 5 × 7
46. 7 × 2
47. 4 × 7
48. 7 × 5

49. 7 × 3
50. 6 × 7
51. 4 × 7
52. 2 × 7
53. 9 × 7
54. 7 × 3

55. 7 × 6
56. 8 × 7
57. 2 × 7
58. 7 × 4
59. 7 × 3
60. 1 × 7

© Libro Studio LLC 2020

Jour 43
Multiplication par 7

Nom: _____ Points: /60 Temps: :

1. 7 × 4
2. 5 × 7
3. 7 × 2
4. 8 × 7
5. 6 × 7
6. 7 × 0
7. 7 × 1
8. 6 × 7
9. 7 × 2
10. 7 × 9
11. 4 × 7
12. 7 × 3
13. 7 × 7
14. 7 × 2
15. 7 × 4
16. 8 × 7
17. 7 × 6
18. 2 × 7
19. 7 × 4
20. 3 × 7
21. 7 × 1
22. 9 × 7
23. 7 × 6
24. 7 × 5
25. 7 × 4
26. 6 × 7
27. 7 × 2
28. 7 × 3
29. 7 × 6
30. 1 × 7
31. 4 × 7
32. 7 × 8
33. 6 × 7
34. 7 × 1
35. 9 × 7
36. 7 × 0
37. 7 × 7
38. 7 × 3
39. 6 × 7
40. 5 × 7
41. 7 × 8
42. 7 × 4
43. 7 × 1
44. 5 × 7
45. 7 × 9
46. 3 × 7
47. 7 × 2
48. 7 × 6
49. 9 × 7
50. 1 × 7
51. 7 × 2
52. 7 × 8
53. 5 × 7
54. 7 × 3
55. 7 × 1
56. 5 × 7
57. 4 × 7
58. 7 × 8
59. 3 × 7
60. 7 × 6

Jour 44
Multiplication par 7

Nom: _____ Points: /60 Temps: :

1. 6 × 7
2. 7 × 3
3. 7 × 1
4. 9 × 7
5. 7 × 0
6. 8 × 7

7. 7 × 0
8. 8 × 7
9. 7 × 5
10. 7 × 9
11. 6 × 7
12. 7 × 5

13. 7 × 2
14. 7 × 8
15. 9 × 7
16. 1 × 7
17. 7 × 7
18. 6 × 7

19. 8 × 7
20. 3 × 7
21. 2 × 7
22. 7 × 9
23. 7 × 3
24. 7 × 2

25. 7 × 5
26. 1 × 7
27. 2 × 7
28. 3 × 7
29. 7 × 5
30. 8 × 7

31. 0 × 7
32. 7 × 6
33. 5 × 7
34. 7 × 3
35. 7 × 4
36. 7 × 6

37. 7 × 3
38. 1 × 7
39. 7 × 7
40. 2 × 7
41. 9 × 7
42. 7 × 8

43. 7 × 3
44. 7 × 5
45. 7 × 9
46. 3 × 7
47. 7 × 5
48. 8 × 7

49. 1 × 7
50. 4 × 7
51. 7 × 5
52. 8 × 7
53. 7 × 6
54. 3 × 7

55. 7 × 0
56. 5 × 7
57. 7 × 4
58. 6 × 7
59. 2 × 7
60. 9 × 7

© Libro Studio LLC 2020

Jour 45
Multiplication par 7

Nom: _____   Points: /60   Temps: :

1. 7 × 2
2. 7 × 0
3. 7 × 7
4. 6 × 7
5. 9 × 7
6. 7 × 4
7. 7 × 3
8. 7 × 2
9. 8 × 7
10. 4 × 7
11. 7 × 9
12. 8 × 7
13. 7 × 2
14. 6 × 7
15. 3 × 7
16. 5 × 7
17. 7 × 1
18. 7 × 7
19. 7 × 4
20. 7 × 9
21. 6 × 7
22. 8 × 7
23. 4 × 7
24. 2 × 7
25. 6 × 7
26. 3 × 7
27. 7 × 1
28. 2 × 7
29. 8 × 7
30. 7 × 5
31. 7 × 7
32. 7 × 1
33. 5 × 7
34. 2 × 7
35. 9 × 7
36. 7 × 1
37. 7 × 4
38. 3 × 7
39. 7 × 9
40. 7 × 2
41. 1 × 7
42. 7 × 3
43. 5 × 7
44. 3 × 7
45. 7 × 9
46. 7 × 5
47. 8 × 7
48. 2 × 7
49. 7 × 9
50. 5 × 7
51. 7 × 6
52. 7 × 8
53. 7 × 4
54. 7 × 1
55. 7 × 2
56. 7 × 8
57. 4 × 7
58. 6 × 7
59. 7 × 7
60. 1 × 7

Jour 46
Multiplication par 7

Nom: _____ Points: /60 Temps: :

1. 8 × 7
2. 7 × 3
3. 7 × 2
4. 7 × 5
5. 4 × 7
6. 6 × 7

7. 7 × 5
8. 7 × 1
9. 7 × 7
10. 7 × 9
11. 4 × 7
12. 7 × 3

13. 2 × 7
14. 9 × 7
15. 7 × 5
16. 7 × 7
17. 6 × 7
18. 0 × 7

19. 4 × 7
20. 7 × 6
21. 7 × 2
22. 1 × 7
23. 7 × 8
24. 7 × 3

25. 9 × 7
26. 7 × 4
27. 5 × 7
28. 7 × 8
29. 0 × 7
30. 4 × 7

31. 7 × 2
32. 9 × 7
33. 6 × 7
34. 7 × 1
35. 5 × 7
36. 7 × 6

37. 7 × 5
38. 7 × 2
39. 7 × 7
40. 4 × 7
41. 7 × 1
42. 3 × 7

43. 7 × 0
44. 8 × 7
45. 7 × 9
46. 2 × 7
47. 4 × 7
48. 7 × 1

49. 7 × 8
50. 7 × 6
51. 3 × 7
52. 7 × 2
53. 7 × 9
54. 7 × 7

55. 5 × 7
56. 7 × 2
57. 7 × 9
58. 3 × 7
59. 7 × 8
60. 1 × 7

© Libro Studio LLC 2020

Jour 47
Multiplication par 8

Nom: _____ Points: /60 Temps: :

1. 8 × 2
2. 5 × 8
3. 8 × 2
4. 7 × 8
5. 8 × 0
6. 8 × 5
7. 8 × 2
8. 5 × 8
9. 0 × 8
10. 8 × 9
11. 8 × 4
12. 1 × 8
13. 8 × 6
14. 3 × 8
15. 8 × 9
16. 8 × 4
17. 7 × 8
18. 2 × 8
19. 8 × 7
20. 8 × 4
21. 2 × 8
22. 3 × 8
23. 8 × 5
24. 8 × 3
25. 9 × 8
26. 1 × 8
27. 8 × 5
28. 8 × 8
29. 5 × 8
30. 8 × 2
31. 4 × 8
32. 0 × 8
33. 8 × 5
34. 1 × 8
35. 9 × 8
36. 8 × 8
37. 7 × 8
38. 8 × 5
39. 8 × 9
40. 8 × 8
41. 8 × 1
42. 8 × 6
43. 8 × 3
44. 9 × 8
45. 6 × 8
46. 2 × 8
47. 8 × 8
48. 8 × 6
49. 8 × 0
50. 8 × 3
51. 8 × 5
52. 4 × 8
53. 8 × 6
54. 7 × 8
55. 8 × 5
56. 7 × 8
57. 8 × 9
58. 8 × 8
59. 2 × 8
60. 8 × 3

Jour 48
Multiplication par 8

Nom: _____ Points: /60 Temps: :

1. 8 × 6
2. 8 × 3
3. 3 × 8
4. 8 × 5
5. 8 × 7
6. 2 × 8
7. 8 × 9
8. 8 × 4
9. 8 × 7
10. 0 × 8
11. 8 × 6
12. 8 × 7
13. 8 × 8
14. 8 × 4
15. 9 × 8
16. 8 × 6
17. 8 × 5
18. 2 × 8
19. 8 × 6
20. 8 × 8
21. 3 × 8
22. 5 × 8
23. 8 × 1
24. 0 × 8
25. 8 × 7
26. 1 × 8
27. 8 × 3
28. 8 × 4
29. 6 × 8
30. 7 × 8
31. 5 × 8
32. 2 × 8
33. 8 × 3
34. 9 × 8
35. 8 × 4
36. 1 × 8
37. 8 × 6
38. 5 × 8
39. 9 × 8
40. 8 × 2
41. 8 × 4
42. 8 × 0
43. 8 × 8
44. 6 × 8
45. 8 × 9
46. 2 × 8
47. 8 × 6
48. 8 × 4
49. 1 × 8
50. 8 × 6
51. 8 × 5
52. 4 × 8
53. 8 × 9
54. 8 × 3
55. 2 × 8
56. 5 × 8
57. 8 × 6
58. 8 × 1
59. 8 × 9
60. 8 × 3

© Libro Studio LLC 2020

Jour 49
Multiplication par 8

Nom: _____ Points: /60 Temps: :

1. 8 × 9
2. 8 × 7
3. 8 × 4
4. 8 × 5
5. 3 × 8
6. 0 × 8

7. 8 × 1
8. 4 × 8
9. 8 × 6
10. 9 × 8
11. 3 × 8
12. 8 × 5

13. 6 × 8
14. 8 × 3
15. 1 × 8
16. 5 × 8
17. 8 × 8
18. 8 × 2

19. 8 × 7
20. 8 × 6
21. 9 × 8
22. 8 × 8
23. 2 × 8
24. 8 × 4

25. 8 × 2
26. 3 × 8
27. 8 × 5
28. 1 × 8
29. 8 × 4
30. 8 × 0

31. 8 × 4
32. 8 × 8
33. 8 × 1
34. 7 × 8
35. 8 × 6
36. 8 × 3

37. 8 × 8
38. 8 × 5
39. 6 × 8
40. 8 × 4
41. 0 × 8
42. 8 × 9

43. 7 × 8
44. 8 × 1
45. 5 × 8
46. 8 × 2
47. 4 × 8
48. 8 × 5

49. 8 × 3
50. 6 × 8
51. 4 × 8
52. 2 × 8
53. 9 × 8
54. 8 × 3

55. 8 × 8
56. 8 × 6
57. 4 × 8
58. 8 × 2
59. 8 × 3
60. 1 × 8

© Libro Studio LLC 2020

Jour 50
Multiplication par 8

Nom: _____ Points: /60 Temps: :

1. 8 × 4
2. 8 × 9
3. 8 × 6
4. 3 × 8
5. 2 × 8
6. 7 × 8
7. 5 × 8
8. 6 × 8
9. 8 × 2
10. 8 × 9
11. 4 × 8
12. 8 × 3
13. 8 × 7
14. 8 × 2
15. 3 × 8
16. 8 × 7
17. 8 × 6
18. 2 × 8
19. 8 × 4
20. 8 × 5
21. 8 × 1
22. 9 × 8
23. 8 × 6
24. 8 × 5
25. 8 × 0
26. 6 × 8
27. 8 × 2
28. 8 × 3
29. 8 × 1
30. 6 × 8
31. 4 × 8
32. 7 × 8
33. 6 × 8
34. 8 × 1
35. 9 × 8
36. 7 × 8
37. 0 × 8
38. 8 × 3
39. 6 × 8
40. 5 × 8
41. 8 × 7
42. 8 × 8
43. 8 × 1
44. 5 × 8
45. 8 × 9
46. 3 × 8
47. 8 × 2
48. 8 × 6
49. 9 × 8
50. 1 × 8
51. 8 × 2
52. 8 × 8
53. 5 × 8
54. 8 × 3
55. 8 × 1
56. 5 × 8
57. 4 × 8
58. 7 × 8
59. 3 × 8
60. 8 × 6

© Libro Studio LLC 2020

Jour 51
Multiplication par 8

Nom: _____

Points: /60   Temps: :

1. 6 × 8	2. 8 × 3	3. 8 × 2	4. 8 × 5	5. 7 × 8	6. 8 × 4
7. 8 × 0	8. 8 × 7	9. 8 × 5	10. 8 × 9	11. 6 × 8	12. 8 × 5
13. 8 × 2	14. 8 × 8	15. 9 × 8	16. 1 × 8	17. 8 × 7	18. 6 × 8
19. 5 × 8	20. 3 × 8	21. 2 × 8	22. 8 × 9	23. 8 × 3	24. 8 × 2
25. 8 × 8	26. 1 × 8	27. 4 × 8	28. 3 × 8	29. 8 × 5	30. 8 × 7
31. 9 × 8	32. 8 × 6	33. 5 × 8	34. 8 × 3	35. 8 × 4	36. 8 × 6
37. 8 × 3	38. 1 × 8	39. 8 × 7	40. 2 × 8	41. 9 × 8	42. 7 × 8
43. 8 × 3	44. 8 × 5	45. 8 × 9	46. 3 × 8	47. 8 × 5	48. 8 × 8
49. 1 × 8	50. 4 × 8	51. 8 × 5	52. 8 × 8	53. 8 × 6	54. 3 × 8
55. 8 × 4	56. 5 × 8	57. 8 × 8	58. 6 × 8	59. 2 × 8	60. 9 × 8

© Libro Studio LLC 2020

Jour 52
Multiplication par 8

Nom: _____ Points: /60 Temps: :

1. 8 × 2	2. 8 × 7	3. 3 × 8	4. 8 × 4	5. 8 × 6	6. 5 × 8
7. 1 × 8	8. 5 × 8	9. 8 × 0	10. 8 × 9	11. 8 × 4	12. 8 × 8
13. 7 × 8	14. 8 × 4	15. 9 × 8	16. 8 × 7	17. 6 × 8	18. 8 × 7
19. 8 × 1	20. 3 × 8	21. 2 × 8	22. 8 × 9	23. 0 × 8	24. 8 × 2
25. 9 × 8	26. 8 × 4	27. 8 × 3	28. 8 × 5	29. 6 × 8	30. 8 × 8
31. 8 × 1	32. 7 × 8	33. 5 × 8	34. 0 × 8	35. 9 × 8	36. 8 × 6
37. 4 × 8	38. 3 × 8	39. 8 × 7	40. 5 × 8	41. 8 × 4	42. 7 × 8
43. 5 × 8	44. 8 × 2	45. 8 × 9	46. 8 × 6	47. 8 × 8	48. 2 × 8
49. 1 × 8	50. 8 × 6	51. 8 × 5	52. 8 × 8	53. 8 × 9	54. 8 × 3
55. 5 × 8	56. 4 × 8	57. 8 × 9	58. 8 × 4	59. 8 × 3	60. 2 × 8

© Libro Studio LLC 2020

Jour 53
Multiplication par 8

Nom: _____ Points: /60 Temps: :

1. 8 × 4
2. 8 × 9
3. 8 × 2
4. 6 × 8
5. 3 × 8
6. 8 × 5
7. 8 × 7
8. 0 × 8
9. 8 × 8
10. 8 × 9
11. 8 × 5
12. 1 × 8
13. 6 × 8
14. 8 × 4
15. 3 × 8
16. 8 × 7
17. 6 × 8
18. 8 × 7
19. 5 × 8
20. 3 × 8
21. 2 × 8
22. 8 × 9
23. 8 × 6
24. 8 × 3
25. 9 × 8
26. 8 × 4
27. 8 × 5
28. 8 × 8
29. 6 × 8
30. 2 × 8
31. 8 × 1
32. 7 × 8
33. 5 × 8
34. 8 × 1
35. 9 × 8
36. 8 × 5
37. 4 × 8
38. 3 × 8
39. 8 × 9
40. 3 × 8
41. 8 × 1
42. 5 × 8
43. 8 × 8
44. 8 × 6
45. 3 × 8
46. 8 × 9
47. 8 × 1
48. 2 × 8
49. 1 × 8
50. 8 × 8
51. 8 × 5
52. 7 × 8
53. 8 × 4
54. 9 × 8
55. 0 × 8
56. 4 × 8
57. 8 × 5
58. 8 × 2
59. 8 × 7
60. 4 × 8

© Libro Studio LLC 2020

Jour 54
Multiplication par 9

Nom: _____ Points: /60 Temps: :

1. 9 × 6
2. 9 × 3
3. 9 × 2
4. 9 × 5
5. 7 × 9
6. 8 × 9

7. 9 × 5
8. 7 × 9
9. 8 × 9
10. 9 × 9
11. 9 × 4
12. 1 × 9

13. 9 × 7
14. 9 × 9
15. 3 × 9
16. 2 × 9
17. 6 × 9
18. 1 × 9

19. 5 × 9
20. 3 × 9
21. 2 × 9
22. 9 × 4
23. 9 × 6
24. 9 × 3

25. 9 × 9
26. 9 × 4
27. 9 × 5
28. 9 × 8
29. 5 × 9
30. 2 × 9

31. 9 × 4
32. 1 × 9
33. 5 × 9
34. 9 × 1
35. 9 × 9
36. 9 × 5

37. 4 × 9
38. 3 × 9
39. 9 × 9
40. 8 × 9
41. 9 × 1
42. 9 × 8

43. 6 × 9
44. 9 × 4
45. 9 × 9
46. 9 × 5
47. 8 × 9
48. 2 × 9

49. 7 × 9
50. 4 × 9
51. 9 × 5
52. 9 × 3
53. 9 × 7
54. 9 × 8

55. 9 × 5
56. 4 × 9
57. 3 × 9
58. 9 × 2
59. 9 × 7
60. 4 × 9

© Libro Studio LLC 2020

Jour 55
Multiplication par 9

Nom: _____ Points: /60 Temps: :

1. 9 × 7
2. 6 × 9
3. 3 × 9
4. 9 × 5
5. 9 × 8
6. 9 × 6

7. 9 × 4
8. 5 × 9
9. 6 × 9
10. 1 × 9
11. 9 × 4
12. 3 × 9

13. 7 × 9
14. 9 × 4
15. 9 × 9
16. 9 × 8
17. 6 × 9
18. 9 × 7

19. 9 × 9
20. 3 × 9
21. 2 × 9
22. 9 × 8
23. 9 × 3
24. 4 × 9

25. 5 × 9
26. 9 × 6
27. 9 × 3
28. 9 × 2
29. 6 × 9
30. 8 × 9

31. 9 × 1
32. 7 × 9
33. 5 × 9
34. 9 × 3
35. 9 × 6
36. 0 × 9

37. 4 × 9
38. 9 × 9
39. 9 × 7
40. 5 × 9
41. 9 × 4
42. 9 × 8

43. 5 × 9
44. 9 × 3
45. 9 × 7
46. 9 × 6
47. 8 × 9
48. 2 × 9

49. 8 × 9
50. 9 × 1
51. 9 × 5
52. 9 × 9
53. 6 × 9
54. 9 × 3

55. 9 × 2
56. 4 × 9
57. 9 × 5
58. 9 × 8
59. 9 × 3
60. 2 × 9

© Libro Studio LLC 2020

Jour 56
Multiplication par 9

Nom: _____ Points: /60 Temps: :

1. 9 × 3	2. 6 × 9	3. 9 × 7	4. 9 × 9	5. 4 × 9	6. 9 × 0
7. 4 × 9	8. 5 × 9	9. 6 × 9	10. 9 × 7	11. 8 × 9	12. 4 × 9
13. 7 × 9	14. 9 × 4	15. 9 × 9	16. 9 × 0	17. 6 × 9	18. 9 × 7
19. 9 × 8	20. 3 × 9	21. 5 × 9	22. 9 × 8	23. 9 × 0	24. 9 × 9
25. 5 × 9	26. 1 × 9	27. 9 × 3	28. 9 × 4	29. 5 × 9	30. 8 × 9
31. 2 × 9	32. 7 × 9	33. 5 × 9	34. 9 × 9	35. 9 × 4	36. 9 × 6
37. 1 × 9	38. 9 × 3	39. 9 × 7	40. 5 × 9	41. 9 × 4	42. 6 × 9
43. 9 × 9	44. 9 × 4	45. 7 × 9	46. 2 × 9	47. 8 × 9	48. 9 × 1
49. 9 × 5	50. 1 × 9	51. 9 × 4	52. 9 × 6	53. 3 × 9	54. 9 × 9
55. 9 × 7	56. 8 × 9	57. 9 × 2	58. 9 × 4	59. 9 × 3	60. 6 × 9

© Libro Studio LLC 2020

Jour 57
Multiplication par 9

Nom: _____ Points: /60 Temps: :

1. 9 × 4	2. 9 × 3	3. 9 × 5	4. 8 × 9	5. 9 × 9	6. 7 × 9
7. 5 × 9	8. 9 × 1	9. 6 × 9	10. 9 × 2	11. 4 × 9	12. 9 × 3
13. 9 × 9	14. 9 × 2	15. 9 × 4	16. 9 × 8	17. 3 × 9	18. 9 × 7
19. 6 × 9	20. 4 × 9	21. 9 × 2	22. 9 × 7	23. 9 × 9	24. 9 × 5
25. 9 × 4	26. 3 × 9	27. 9 × 9	28. 9 × 7	29. 6 × 9	30. 1 × 9
31. 2 × 9	32. 7 × 9	33. 9 × 4	34. 9 × 1	35. 9 × 9	36. 7 × 9
37. 5 × 9	38. 9 × 3	39. 9 × 7	40. 5 × 9	41. 9 × 8	42. 9 × 4
43. 9 × 9	44. 9 × 6	45. 2 × 9	46. 3 × 9	47. 6 × 9	48. 9 × 7
49. 9 × 5	50. 1 × 9	51. 9 × 2	52. 9 × 8	53. 5 × 9	54. 9 × 3
55. 9 × 1	56. 9 × 8	57. 4 × 9	58. 6 × 9	59. 3 × 9	60. 8 × 9

© Libro Studio LLC 2020

Jour 58
Multiplication par 9

Nom: _____ Points: ___/60 Temps: __:__

1. 7 × 9
2. 9 × 3
3. 9 × 2
4. 5 × 9
5. 9 × 0
6. 6 × 9

7. 4 × 9
8. 5 × 9
9. 6 × 9
10. 9 × 9
11. 9 × 5
12. 9 × 1

13. 7 × 9
14. 0 × 9
15. 5 × 9
16. 9 × 8
17. 6 × 9
18. 9 × 7

19. 9 × 3
20. 1 × 9
21. 9 × 2
22. 9 × 7
23. 4 × 9
24. 9 × 9

25. 5 × 9
26. 3 × 9
27. 9 × 2
28. 9 × 7
29. 6 × 9
30. 1 × 9

31. 9 × 8
32. 7 × 9
33. 9 × 4
34. 9 × 1
35. 4 × 9
36. 9 × 5

37. 9 × 7
38. 3 × 9
39. 9 × 9
40. 5 × 9
41. 9 × 8
42. 9 × 4

43. 5 × 9
44. 9 × 6
45. 7 × 9
46. 3 × 9
47. 6 × 9
48. 9 × 2

49. 9 × 7
50. 1 × 9
51. 9 × 2
52. 8 × 9
53. 9 × 9
54. 9 × 3

55. 9 × 4
56. 9 × 8
57. 9 × 5
58. 6 × 9
59. 3 × 9
60. 8 × 9

© Libro Studio LLC 2020

Jour 59
Multiplication par 9

Nom: _____ Points: /60   Temps: :

1. 0 × 9	2. 6 × 9	3. 9 × 9	4. 9 × 8	5. 9 × 6	6. 9 × 4
7. 3 × 9	8. 5 × 9	9. 6 × 9	10. 9 × 7	11. 9 × 4	12. 9 × 8
13. 7 × 9	14. 9 × 4	15. 9 × 9	16. 9 × 0	17. 6 × 9	18. 9 × 7
19. 9 × 8	20. 3 × 9	21. 5 × 9	22. 9 × 8	23. 9 × 4	24. 3 × 9
25. 5 × 9	26. 9 × 0	27. 9 × 9	28. 1 × 9	29. 5 × 9	30. 8 × 9
31. 2 × 9	32. 7 × 9	33. 5 × 9	34. 9 × 4	35. 9 × 3	36. 9 × 6
37. 1 × 9	38. 9 × 9	39. 9 × 7	40. 5 × 9	41. 9 × 4	42. 6 × 9
43. 9 × 9	44. 9 × 5	45. 3 × 9	46. 2 × 9	47. 8 × 9	48. 9 × 1
49. 4 × 9	50. 7 × 9	51. 9 × 5	52. 9 × 6	53. 2 × 9	54. 9 × 3
55. 9 × 8	56. 3 × 9	57. 9 × 2	58. 9 × 4	59. 9 × 9	60. 6 × 9

© Libro Studio LLC 2020

Jour 60
Multiplication par 9

Nom: _____ Points: /60 Temps: :

1. 7 × 9
2. 9 × 6
3. 9 × 5
4. 8 × 9
5. 9 × 2
6. 9 × 9
7. 3 × 9
8. 5 × 9
9. 8 × 9
10. 2 × 9
11. 9 × 4
12. 9 × 2
13. 6 × 9
14. 9 × 4
15. 9 × 9
16. 9 × 7
17. 6 × 9
18. 9 × 7
19. 5 × 9
20. 9 × 6
21. 9 × 2
22. 9 × 7
23. 9 × 6
24. 2 × 9
25. 3 × 9
26. 9 × 4
27. 9 × 5
28. 9 × 8
29. 6 × 9
30. 0 × 9
31. 1 × 9
32. 7 × 9
33. 5 × 9
34. 9 × 9
35. 9 × 7
36. 9 × 5
37. 9 × 0
38. 3 × 9
39. 9 × 9
40. 4 × 9
41. 9 × 1
42. 9 × 8
43. 5 × 9
44. 9 × 6
45. 3 × 9
46. 0 × 9
47. 8 × 9
48. 2 × 9
49. 9 × 9
50. 6 × 9
51. 9 × 5
52. 9 × 8
53. 9 × 4
54. 5 × 9
55. 2 × 9
56. 4 × 9
57. 9 × 5
58. 9 × 1
59. 9 × 7
60. 8 × 9

© Libro Studio LLC 2020

Jour 61

10 et 11

Nom: ____________________

Points: /60

Temps: :

1. 10 x 8	2. 11 x 3	3. 9 x 10	4. 11 x 6	5. 11 x 8	6. 10 x 5
7. 4 x 11	8. 10 x 4	9. 6 x 10	10. 11 x 9	11. 3 x 10	12. 11 x 8
13. 5 x 11	14. 3 x 11	15. 9 x 10	16. 10 x 4	17. 6 x 11	18. 11 x 7
19. 11 x 8	20. 10 x 3	21. 7 x 11	22. 10 x 8	23. 10 x 2	24. 11 x 9
25. 10 x 0	26. 3 x 11	27. 11 x 11	28. 1 x 10	29. 6 x 10	30. 8 x 11
31. 10 x 2	32. 7 x 10	33. 5 x 11	34. 4 x 10	35. 9 x 11	36. 11 x 5
37. 10 x 10	38. 0 x 11	39. 10 x 7	40. 5 x 10	41. 8 x 10	42. 10 x 9
43. 6 x 11	44. 11 x 5	45. 10 x 9	46. 11 x 10	47. 10 x 4	48. 11 x 11
49. 10 x 3	50. 1 x 11	51. 11 x 5	52. 10 x 6	53. 10 x 10	54. 3 x 10
55. 9 x 11	56. 11 x 10	57. 2 x 11	58. 10 x 5	59. 4 x 10	60. 6 x 11

© Libro Studio LLC 2020

Jour 62

10 et 11

Nom: ____________________ Points: /60 Temps: :

1. 10 x 8	2. 11 x 3	3. 6 x 11	4. 10 x 5	5. 10 x 11	6. 11 x 5
7. 10 x 10	8. 10 x 11	9. 11 x 5	10. 11 x 9	11. 4 x 10	12. 6 x 10
13. 2 x 10	14. 11 x 7	15. 0 x 11	16. 10 x 9	17. 11 x 11	18. 2 x 11
19. 4 x 10	20. 3 x 10	21. 11 x 2	22. 10 x 6	23. 11 x 8	24. 11 x 3
25. 11 x 11	26. 10 x 4	27. 9 x 11	28. 10 x 8	29. 11 x 5	30. 4 x 11
31. 6 x 10	32. 0 x 10	33. 5 x 10	34. 11 x 1	35. 9 x 11	36. 10 x 3
37. 6 x 11	38. 11 x 2	39. 10 x 7	40. 4 x 10	41. 10 x 10	42. 11 x 5
43. 11 x 4	44. 10 x 6	45. 10 x 9	46. 2 x 11	47. 8 x 11	48. 6 x 10
49. 11 x 8	50. 7 x 10	51. 11 x 11	52. 10 x 2	53. 10 x 9	54. 11 x 1
55. 5 x 11	56. 11 x 2	57. 10 x 9	58. 3 x 11	59. 11 x 10	60. 7 x 11

Jour 63

10 et 11

Nom: ____________________ Points: /60 Temps: :

1. 11 x 10	2. 11 x 7	3. 9 x 11	4. 10 x 5	5. 10 x 9	6. 10 x 10
7. 11 x 4	8. 7 x 11	9. 10 x 5	10. 10 x 7	11. 11 x 9	12. 6 x 10
13. 11 x 9	14. 11 x 11	15. 10 x 1	16. 6 x 11	17. 10 x 0	18. 11 x 3
19. 11 x 2	20. 11 x 4	21. 8 x 10	22. 11 x 8	23. 10 x 9	24. 11 x 7
25. 7 x 11	26. 10 x 4	27. 11 x 10	28. 10 x 10	29. 11 x 9	30. 3 x 11
31. 10 x 1	32. 8 x 11	33. 11 x 1	34. 11 x 11	35. 11 x 4	36. 10 x 9
37. 9 x 10	38. 7 x 10	39. 2 x 11	40. 11 x 5	41. 10 x 10	42. 11 x 9
43. 11 x 3	44. 8 x 11	45. 10 x 4	46. 8 x 10	47. 10 x 1	48. 11 x 5
49. 10 x 3	50. 11 x 7	51. 5 x 11	52. 11 x 4	53. 10 x 0	54. 11 x 4
55. 10 x 5	56. 8 x 11	57. 11 x 11	58. 10 x 8	59. 10 x 10	60. 9 x 10

© Libro Studio LLC 2020

Jour 64

10 et 11

Nom: ____________________

Points: /60

Temps: :

1. 11 x 4	2. 8 x 11	3. 10 x 7	4. 11 x 10	5. 10 x 9	6. 11 x 5
7. 7 x 11	8. 5 x 10	9. 11 x 11	10. 7 x 10	11. 11 x 4	12. 1 x 10
13. 11 x 10	14. 3 x 11	15. 10 x 9	16. 10 x 4	17. 11 x 6	18. 2 x 10
19. 6 x 10	20. 11 x 4	21. 2 x 11	22. 3 x 10	23. 10 x 5	24. 11 x 3
25. 9 x 11	26. 1 x 11	27. 10 x 5	28. 10 x 8	29. 5 x 11	30. 11 x 11
31. 4 x 11	32. 0 x 10	33. 10 x 5	34. 1 x 10	35. 9 x 10	36. 11 x 8
37. 7 x 11	38. 11 x 5	39. 10 x 9	40. 8 x 10	41. 11 x 1	42. 10 x 6
43. 11 x 3	44. 10 x 10	45. 6 x 10	46. 2 x 11	47. 8 x 11	48. 11 x 6
49. 11 x 0	50. 10 x 3	51. 10 x 5	52. 4 x 11	53. 10 x 6	54. 10 x 1
55. 10 x 5	56. 11 x 7	57. 10 x 9	58. 8 x 10	59. 2 x 11	60. 11 x 3

© Libro Studio LLC 2020

Jour 65

10 et 11

Nom: ____________________ | Points: /60 | Temps: :

1. 4 x 11	2. 10 x 7	3. 11 x 5	4. 11 x 9	5. 6 x 10	6. 7 x 11
7. 10 x 9	8. 5 x 11	9. 8 x 10	10. 2 x 10	11. 10 x 4	12. 11 x 0
13. 6 x 11	14. 10 x 4	15. 9 x 11	16. 10 x 10	17. 6 x 10	18. 11 x 7
19. 5 x 10	20. 11 x 11	21. 10 x 2	22. 10 x 11	23. 11 x 6	24. 2 x 10
25. 3 x 10	26. 11 x 4	27. 10 x 5	28. 11 x 8	29. 6 x 10	30. 0 x 10
31. 1 x 11	32. 7 x 10	33. 11 x 11	34. 10 x 9	35. 11 x 7	36. 11 x 5
37. 11 x 0	38. 3 x 10	39. 10 x 9	40. 4 x 11	41. 10 x 11	42. 11 x 8
43. 5 x 10	44. 10 x 6	45. 3 x 11	46. 0 x 10	47. 8 x 11	48. 2 x 10
49. 10 x 9	50. 6 x 11	51. 11 x 11	52. 11 x 8	53. 10 x 4	54. 10 x 10
55. 2 x 10	56. 4 x 11	57. 10 x 5	58. 11 x 1	59. 11 x 7	60. 8 x 10

© Libro Studio LLC 2020

Jour 66

10 et 11

Nom: ______________________

Points: /60

Temps: :

1. 10 x 9	2. 10 x 8	3. 9 x 11	4. 10 x 11	5. 10 x 4	6. 11 x 11
7. 11 x 4	8. 10 x 1	9. 6 x 10	10. 11 x 9	11. 4 x 10	12. 11 x 3
13. 7 x 11	14. 10 x 2	15. 11 x 11	16. 10 x 8	17. 0 x 11	18. 10 x 7
19. 6 x 10	20. 4 x 11	21. 11 x 2	22. 10 x 7	23. 9 x 10	24. 11 x 5
25. 10 x 4	26. 3 x 11	27. 11 x 2	28. 10 x 7	29. 6 x 10	30. 1 x 10
31. 4 x 11	32. 7 x 11	33. 10 x 10	34. 11 x 1	35. 9 x 10	36. 7 x 10
37. 11 x 5	38. 11 x 3	39. 10 x 7	40. 5 x 10	41. 11 x 8	42. 11 x 11
43. 10 x 1	44. 10 x 6	45. 11 x 9	46. 3 x 10	47. 6 x 11	48. 10 x 2
49. 9 x 10	50. 11 x 11	51. 5 x 11	52. 10 x 8	53. 5 x 10	54. 10 x 3
55. 11 x 1	56. 10 x 11	57. 4 x 11	58. 6 x 10	59. 11 x 5	60. 8 x 11

© Libro Studio LLC 2020

Jour 67

10 et 11

Nom: ________________ Points: /60 Temps: :

1. 8 x 11	2. 10 x 6	3. 10 x 11	4. 10 x 10	5. 10 x 2	6. 6 x 11
7. 11 x 9	8. 5 x 10	9. 6 x 10	10. 10 x 9	11. 10 x 5	12. 11 x 1
13. 7 x 11	14. 0 x 10	15. 5 x 11	16. 10 x 8	17. 6 x 10	18. 10 x 7
19. 11 x 3	20. 4 x 11	21. 10 x 2	22. 11 x 9	23. 0 x 11	24. 11 x 7
25. 5 x 10	26. 11 x 4	27. 10 x 3	28. 10 x 11	29. 6 x 10	30. 8 x 11
31. 10 x 8	32. 7 x 11	33. 4 x 10	34. 10 x 1	35. 9 x 10	36. 11 x 5
37. 11 x 4	38. 3 x 11	39. 10 x 7	40. 5 x 11	41. 10 x 4	42. 10 x 8
43. 11 x 11	44. 10 x 6	45. 11 x 9	46. 3 x 10	47. 6 x 11	48. 11 x 2
49. 9 x 10	50. 10 x 11	51. 11 x 11	52. 11 x 8	53. 1 x 10	54. 10 x 10
55. 11 x 7	56. 4 x 10	57. 11 x 5	58. 11 x 10	59. 10 x 11	60. 10 x 6

Jour 68

Multiplication par 12

Nom: ____________________ Points: /60 Temps: :

1. 12 x 8	2. 12 x 5	3. 12 x 2	4. 12 x 12	5. 11 x 12	6. 12 x 10
7. 12 x 9	8. 12 x 4	9. 8 x 12	10. 12 x 7	11. 6 x 12	12. 12 x 12
13. 7 x 12	14. 12 x 10	15. 9 x 12	16. 12 x 0	17. 6 x 12	18. 12 x 7
19. 12 x 8	20. 3 x 12	21. 12 x 8	22. 11 x 12	23. 12 x 1	24. 12 x 5
25. 12 x 0	26. 11 x 12	27. 12 x 3	28. 12 x 4	29. 12 x 6	30. 8 x 12
31. 2 x 12	32. 7 x 12	33. 12 x 10	34. 9 x 12	35. 12 x 4	36. 12 x 6
37. 1 x 12	38. 12 x 5	39. 12 x 7	40. 2 x 12	41. 12 x 4	42. 12 x 9
43. 6 x 12	44. 12 x 7	45. 12 x 9	46. 2 x 12	47. 8 x 12	48. 12 x 1
49. 12 x 12	50. 1 x 12	51. 12 x 5	52. 12 x 6	53. 12 x 9	54. 12 x 3
55. 9 x 12	56. 12 x 0	57. 12 x 10	58. 4 x 12	59. 12 x 3	60. 6 x 12

© Libro Studio LLC 2020

Jour 69

Multiplication par 12

Nom: ____________________

Points: /60

Temps: :

1. 12 x 4	2. 12 x 8	3. 9 x 12	4. 12 x 6	5. 0 x 12	6. 12 x 11
7. 12 x 0	8. 5 x 12	9. 8 x 12	10. 12 x 9	11. 12 x 6	12. 1 x 12
13. 4 x 12	14. 7 x 12	15. 9 x 12	16. 12 x 12	17. 6 x 12	18. 12 x 2
19. 8 x 12	20. 3 x 12	21. 10 x 12	22. 12 x 9	23. 12 x 11	24. 12 x 0
25. 12 x 2	26. 3 x 12	27. 12 x 12	28. 12 x 5	29. 6 x 12	30. 8 x 12
31. 11 x 12	32. 7 x 12	33. 5 x 12	34. 12 x 3	35. 4 x 12	36. 12 x 6
37. 12 x 3	38. 0 x 12	39. 12 x 7	40. 2 x 12	41. 9 x 12	42. 12 x 8
43. 5 x 12	44. 12 x 11	45. 12 x 9	46. 12 x 4	47. 12 x 5	48. 8 x 12
49. 1 x 12	50. 12 x 0	51. 12 x 10	52. 8 x 12	53. 12 x 6	54. 3 x 12
55. 5 x 12	56. 12 x 7	57. 12 x 12	58. 3 x 12	59. 12 x 4	60. 12 x 11

Jour 70

Multiplication par 12

Nom: ____________________

Points: /60

Temps: :

1. 12 x 7	2. 12 x 8	3. 2 x 12	4. 12 x 11	5. 12 x 5	6. 10 x 12
7. 12 x 2	8. 5 x 12	9. 0 x 12	10. 12 x 9	11. 12 x 4	12. 1 x 12
13. 7 x 12	14. 3 x 12	15. 12 x 9	16. 12 x 11	17. 12 x 6	18. 2 x 12
19. 6 x 12	20. 12 x 4	21. 2 x 12	22. 3 x 12	23. 12 x 5	24. 12 x 3
25. 9 x 12	26. 1 x 12	27. 12 x 5	28. 12 x 8	29. 5 x 12	30. 12 x 12
31. 4 x 12	32. 11 x 12	33. 12 x 12	34. 1 x 12	35. 9 x 12	36. 12 x 8
37. 7 x 12	38. 12 x 5	39. 12 x 10	40. 8 x 12	41. 12 x 1	42. 12 x 6
43. 12 x 3	44. 9 x 12	45. 6 x 12	46. 2 x 12	47. 11 x 12	48. 12 x 6
49. 12 x 10	50. 12 x 3	51. 12 x 5	52. 4 x 12	53. 12 x 12	54. 12 x 1
55. 12 x 5	56. 7 x 12	57. 12 x 9	58. 8 x 12	59. 2 x 12	60. 12 x 3

Jour 71

Multiplication par 12

Nom: ____________________ Points: /60 Temps: :

1. 12 x 5	2. 11 x 12	3. 12 x 3	4. 9 x 12	5. 12 x 6	6. 8 x 12
7. 12 x 12	8. 5 x 12	9. 6 x 12	10. 12 x 9	11. 12 x 5	12. 12 x 1
13. 7 x 12	14. 12 x 3	15. 5 x 12	16. 12 x 8	17. 11 x 12	18. 12 x 7
19. 0 x 12	20. 4 x 12	21. 12 x 2	22. 12 x 9	23. 10 x 12	24. 12 x 7
25. 5 x 12	26. 12 x 11	27. 12 x 3	28. 12 x 0	29. 6 x 12	30. 8 x 12
31. 12 x 8	32. 7 x 12	33. 4 x 12	34. 12 x 12	35. 9 x 12	36. 12 x 5
37. 12 x 4	38. 3 x 12	39. 12 x 7	40. 5 x 12	41. 12 x 4	42. 12 x 8
43. 5 x 12	44. 12 x 6	45. 12 x 9	46. 3 x 12	47. 6 x 12	48. 12 x 2
49. 9 x 12	50. 1 x 12	51. 12 x 2	52. 12 x 8	53. 11 x 12	54. 3 x 12
55. 12 x 10	56. 4 x 12	57. 12 x 5	58. 12 x 12	59. 12 x 8	60. 12 x 6

© Libro Studio LLC 2020

Jour 72

Multiplication par 12

Nom: ____________________

Points: /60

Temps: :

1. 12 x 2	2. 8 x 12	3. 5 x 12	4. 9 x 12	5. 12 x 8	6. 12 x 12
7. 4 x 12	8. 10 x 12	9. 6 x 12	10. 11 x 12	11. 3 x 12	12. 12 x 8
13. 5 x 12	14. 12 x 11	15. 9 x 12	16. 12 x 4	17. 6 x 12	18. 12 x 7
19. 12 x 8	20. 10 x 12	21. 7 x 12	22. 12 x 8	23. 12 x 2	24. 12 x 9
25. 10 x 12	26. 0 x 12	27. 12 x 11	28. 1 x 12	29. 6 x 12	30. 12 x 12
31. 12 x 2	32. 7 x 12	33. 5 x 12	34. 4 x 12	35. 9 x 12	36. 12 x 5
37. 12 x 10	38. 12 x 11	39. 12 x 7	40. 12 x 12	41. 8 x 12	42. 12 x 9
43. 6 x 12	44. 12 x 5	45. 12 x 9	46. 12 x 10	47. 12 x 4	48. 11 x 12
49. 12 x 3	50. 1 x 12	51. 12 x 5	52. 12 x 6	53. 10 x 12	54. 3 x 12
55. 9 x 12	56. 12 x 10	57. 2 x 12	58. 12 x 5	59. 4 x 12	60. 12 x 11

© Libro Studio LLC 2020

Jour 73

Multiplication par 12

Nom: ____________________ Points: /60 Temps: :

1. 12 x 1	2. 12 x 12	3. 12 x 9	4. 7 x 12	5. 12 x 5	6. 0 x 12
7. 6 x 12	8. 12 x 4	9. 8 x 12	10. 12 x 11	11. 12 x 6	12. 12 x 10
13. 7 x 12	14. 12 x 4	15. 9 x 12	16. 12 x 12	17. 12 x 5	18. 12 x 7
19. 12 x 6	20. 3 x 12	21. 12 x 8	22. 12 x 5	23. 12 x 1	24. 12 x 11
25. 10 x 12	26. 1 x 12	27. 12 x 3	28. 12 x 4	29. 8 x 12	30. 12 x 6
31. 2 x 12	32. 7 x 12	33. 12 x 11	34. 9 x 12	35. 12 x 4	36. 12 x 12
37. 12 x 6	38. 5 x 12	39. 12 x 7	40. 12 x 2	41. 12 x 10	42. 12 x 9
43. 12 x 8	44. 12 x 7	45. 12 x 9	46. 2 x 12	47. 12 x 6	48. 12 x 1
49. 4 x 12	50. 12 x 10	51. 12 x 5	52. 12 x 12	53. 10 x 12	54. 12 x 3
55. 12 x 6	56. 5 x 12	57. 12 x 2	58. 12 x 11	59. 12 x 3	60. 12 x 9

© Libro Studio LLC 2020

Jour 74

Multiplication par 12

Nom: ____________________ Points: /60 Temps: :

1. 12 x 0	2. 12 x 3	3. 12 x 8	4. 9 x 12	5. 12 x 8	6. 10 x 12
7. 12 x 7	8. 5 x 12	9. 8 x 12	10. 12 x 10	11. 12 x 4	12. 2 x 12
13. 6 x 12	14. 12 x 11	15. 3 x 12	16. 12 x 7	17. 6 x 12	18. 12 x 7
19. 5 x 12	20. 12 x 12	21. 2 x 12	22. 12 x 9	23. 12 x 11	24. 12 x 3
25. 9 x 12	26. 12 x 4	27. 12 x 5	28. 12 x 8	29. 6 x 12	30. 12 x 2
31. 1 x 12	32. 7 x 12	33. 5 x 12	34. 12 x 0	35. 9 x 12	36. 12 x 5
37. 4 x 12	38. 3 x 12	39. 12 x 9	40. 10 x 12	41. 12 x 12	42. 12 x 8
43. 5 x 12	44. 12 x 6	45. 12 x 9	46. 12 x 11	47. 8 x 12	48. 12 x 2
49. 12 x 1	50. 0 x 12	51. 12 x 12	52. 12 x 8	53. 12 x 4	54. 12 x 8
55. 12 x 9	56. 4 x 12	57. 12 x 5	58. 11 x 12	59. 12 x 7	60. 10 x 12

© Libro Studio LLC 2020

Jour 75

Calculs Divers

Nom: ____________________ Points: /60 Temps: :

1. 1 x 4	2. 5 x 3	3. 2 x 2	4. 10 x 5	5. 3 x 9	6. 5 x 5
7. 12 x 9	8. 7 x 2	9. 9 x 1	10. 11 x 8	11. 9 x 4	12. 10 x 6
13. 9 x 8	14. 12 x 6	15. 8 x 6	16. 10 x 9	17. 5 x 6	18. 9 x 7
19. 11 x 7	20. 10 x 12	21. 12 x 9	22. 6 x 4	23. 11 x 6	24. 9 x 9
25. 9 x 6	26. 7 x 8	27. 3 x 6	28. 7 x 0	29. 11 x 2	30. 8 x 4
31. 9 x 9	32. 8 x 2	33. 7 x 5	34. 4 x 6	35. 10 x 1	36. 3 x 12
37. 11 x 4	38. 7 x 6	39. 2 x 8	40. 8 x 5	41. 4 x 4	42. 6 x 2
43. 9 x 1	44. 5 x 9	45. 12 x 8	46. 7 x 2	47. 4 x 9	48. 7 x 5
49. 8 x 6	50. 9 x 8	51. 11 x 7	52. 5 x 8	53. 8 x 8	54. 8 x 3
55. 7 x 3	56. 5 x 5	57. 12 x 9	58. 9 x 4	59. 7 x 8	60. 6 x 6

Jour 76
Calculs Divers

Nom: _____ Points: /60 Temps: __:__

1. 7 × 4	2. 5 × 9	3. 2 × 9	4. 2 × 5	5. 3 × 7	6. 11 × 5
7. 9 × 3	8. 7 × 7	9. 8 × 6	10. 6 × 3	11. 12 × 4	12. 6 × 7
13. 4 × 4	14. 8 × 4	15. 9 × 8	16. 5 × 9	17. 8 × 2	18. 5 × 3
19. 9 × 6	20. 8 × 8	21. 6 × 6	22. 6 × 2	23. 6 × 7	24. 3 × 3
25. 12 × 5	26. 7 × 4	27. 9 × 7	28. 11 × 11	29. 4 × 5	30. 5 × 8
31. 8 × 6	32. 12 × 11	33. 7 × 7	34. 9 × 6	35. 8 × 7	36. 2 × 3
37. 3 × 6	38. 2 × 5	39. 12 × 12	40. 2 × 0	41. 1 × 6	42. 12 × 6
43. 7 × 5	44. 3 × 8	45. 9 × 4	46. 6 × 7	47. 3 × 4	48. 11 × 8
49. 8 × 4	50. 3 × 9	51. 4 × 4	52. 12 × 10	53. 9 × 7	54. 3 × 3
55. 10 × 3	56. 5 × 9	57. 8 × 6	58. 3 × 5	59. 8 × 9	60. 4 × 8

© Libro Studio LLC 2020

Jour 77
Calculs Divers

Nom: _____ Points: /60 Temps: :

1. 4 × 9
2. 6 × 2
3. 6 × 7
4. 9 × 5
5. 5 × 8
6. 2 × 7

7. 8 × 6
8. 10 × 2
9. 3 × 9
10. 7 × 7
11. 7 × 4
12. 6 × 6

13. 8 × 9
14. 4 × 5
15. 6 × 5
16. 8 × 8
17. 7 × 6
18. 6 × 3

19. 8 × 4
20. 11 × 11
21. 5 × 3
22. 4 × 2
23. 9 × 10
24. 12 × 8

25. 7 × 9
26. 2 × 2
27. 12 × 1
28. 9 × 9
29. 5 × 9
30. 8 × 4

31. 7 × 8
32. 5 × 5
33. 9 × 6
34. 8 × 3
35. 12 × 12
36. 6 × 1

37. 8 × 2
38. 10 × 6
39. 8 × 8
40. 3 × 5
41. 11 × 4
42. 7 × 3

43. 9 × 12
44. 7 × 9
45. 7 × 6
46. 4 × 8
47. 8 × 5
48. 6 × 4

49. 3 × 4
50. 3 × 9
51. 10 × 5
52. 9 × 9
53. 6 × 8
54. 6 × 3

55. 9 × 7
56. 12 × 7
57. 2 × 6
58. 5 × 4
59. 2 × 9
60. 8 × 3

© Libro Studio LLC 2020

Jour 78
Calculs Divers

Nom: _____ Points: /60 Temps: :

1. 4 × 9
2. 8 × 7
3. 6 × 5
4. 11 × 9
5. 2 × 5
6. 7 × 6

7. 8 × 6
8. 7 × 7
9. 4 × 4
10. 5 × 3
11. 9 × 4
12. 7 × 3

13. 9 × 2
14. 11 × 12
15. 7 × 1
16. 8 × 8
17. 2 × 4
18. 6 × 3

19. 7 × 7
20. 6 × 4
21. 7 × 9
22. 6 × 6
23. 12 × 9
24. 4 × 1

25. 8 × 5
26. 11 × 6
27. 12 × 12
28. 3 × 3
29. 8 × 9
30. 5 × 7

31. 11 × 11
32. 5 × 4
33. 4 × 9
34. 8 × 2
35. 3 × 7
36. 12 × 8

37. 3 × 9
38. 6 × 3
39. 11 × 7
40. 8 × 8
41. 6 × 5
42. 7 × 8

43. 4 × 4
44. 3 × 2
45. 12 × 10
46. 7 × 2
47. 6 × 9
48. 10 × 8

49. 2 × 8
50. 12 × 1
51. 5 × 5
52. 9 × 4
53. 7 × 6
54. 4 × 3

55. 10 × 11
56. 6 × 8
57. 3 × 10
58. 6 × 4
59. 9 × 5
60. 8 × 3

© Libro Studio LLC 2020

Jour 79
Calculs Divers

Nom: _____ Points: /60 Temps: :

1. 4 × 1
2. 11 × 3
3. 6 × 10
4. 3 × 5
5. 9 × 7
6. 12 × 4

7. 6 × 6
8. 7 × 8
9. 9 × 4
10. 8 × 8
11. 6 × 4
12. 3 × 9

13. 4 × 3
14. 12 × 3
15. 7 × 7
16. 8 × 9
17. 4 × 8
18. 6 × 7

19. 5 × 6
20. 4 × 4
21. 12 × 11
22. 5 × 4
23. 4 × 7
24. 8 × 9

25. 2 × 8
26. 5 × 8
27. 6 × 10
28. 7 × 2
29. 11 × 5
30. 1 × 4

31. 7 × 9
32. 8 × 4
33. 2 × 6
34. 12 × 8
35. 3 × 5
36. 3 × 9

37. 7 × 4
38. 3 × 6
39. 2 × 9
40. 10 × 0
41. 7 × 7
42. 8 × 6

43. 9 × 9
44. 5 × 5
45. 9 × 3
46. 11 × 11
47. 1 × 5
48. 6 × 5

49. 2 × 8
50. 9 × 11
51. 6 × 6
52. 5 × 8
53. 9 × 4
54. 3 × 3

55. 10 × 10
56. 0 × 5
57. 5 × 9
58. 4 × 8
59. 4 × 3
60. 6 × 7

Jour 80
Calculs Divers

Nom: _____ Points: /60 Temps: :

1. 6 × 8
2. 7 × 5
3. 5 × 3
4. 9 × 6
5. 12 × 9
6. 4 × 7
7. 8 × 5
8. 7 × 7
9. 3 × 10
10. 5 × 6
11. 3 × 4
12. 2 × 3
13. 12 × 4
14. 2 × 9
15. 7 × 6
16. 5 × 5
17. 8 × 1
18. 9 × 8
19. 7 × 9
20. 6 × 4
21. 12 × 11
22. 3 × 6
23. 3 × 9
24. 7 × 5
25. 9 × 6
26. 4 × 8
27. 7 × 9
28. 7 × 6
29. 6 × 2
30. 8 × 3
31. 4 × 3
32. 2 × 6
33. 10 × 10
34. 5 × 1
35. 12 × 5
36. 6 × 8
37. 8 × 8
38. 10 × 8
39. 11 × 7
40. 6 × 3
41. 7 × 5
42. 3 × 2
43. 9 × 5
44. 8 × 7
45. 7 × 2
46. 6 × 5
47. 4 × 9
48. 7 × 6
49. 9 × 8
50. 9 × 3
51. 8 × 5
52. 7 × 4
53. 5 × 0
54. 3 × 3
55. 2 × 2
56. 12 × 3
57. 5 × 4
58. 8 × 4
59. 6 × 3
60. 9 × 9

Jour 81

Calculs Divers

Nom: ____________________

Points: /60

Temps: :

1. 9 x 4	2. 2 x 6	3. 4 x 8	4. 7 x 5	5. 3 x 4	6. 9 x 6
7. 3 x 3	8. 5 x 2	9. 6 x 7	10. 7 x 3	11. 8 x 9	12. 7 x 0
13. 10 x 3	14. 5 x 4	15. 5 x 8	16. 4 x 4	17. 3 x 6	18. 9 x 4
19. 7 x 2	20. 6 x 6	21. 7 x 9	22. 5 x 3	23. 9 x 9	24. 6 x 10
25. 2 x 2	26. 1 x 3	27. 8 x 3	28. 5 x 5	29. 8 x 7	30. 6 x 4
31. 11 x 8	32. 10 x 10	33. 6 x 9	34. 8 x 1	35. 5 x 9	36. 12 x 8
37. 4 x 2	38. 7 x 1	39. 8 x 5	40. 12 x 12	41. 4 x 9	42. 3 x 2
43. 11 x 6	44. 4 x 3	45. 7 x 7	46. 11 x 10	47. 4 x 7	48. 6 x 12
49. 8 x 4	50. 10 x 3	51. 5 x 5	52. 8 x 9	53. 3 x 8	54. 12 x 3
55. 1 x 2	56. 8 x 8	57. 4 x 9	58. 7 x 3	59. 12 x 10	60. 11 x 2

© Libro Studio LLC 2020

Jour 82
Calculs Divers

Nom: _____ Points: /60 Temps: __:__

1. 6 × 5
2. 3 × 1
3. 2 × 5
4. 1 × 5
5. 3 × 7
6. 5 × 5

7. 0 × 3
8. 5 × 2
9. 1 × 1
10. 3 × 3
11. 2 × 6
12. 9 × 9

13. 5 × 4
14. 7 × 4
15. 5 × 12
16. 4 × 8
17. 9 × 1
18. 8 × 3

19. 8 × 6
20. 9 × 4
21. 2 × 9
22. 5 × 4
23. 4 × 8
24. 7 × 11

25. 12 × 12
26. 10 × 4
27. 6 × 3
28. 4 × 2
29. 2 × 9
30. 11 × 11

31. 10 × 8
32. 6 × 9
33. 8 × 1
34. 5 × 3
35. 9 × 4
36. 3 × 3

37. 4 × 0
38. 7 × 1
39. 11 × 4
40. 8 × 8
41. 8 × 9
42. 6 × 7

43. 6 × 4
44. 5 × 5
45. 12 × 8
46. 1 × 1
47. 6 × 6
48. 12 × 10

49. 5 × 6
50. 9 × 9
51. 8 × 5
52. 12 × 2
53. 11 × 3
54. 6 × 3

55. 8 × 2
56. 3 × 9
57. 7 × 5
58. 8 × 4
59. 9 × 7
60. 7 × 7

© Libro Studio LLC 2020

Jour 83
Calculs Divers

Nom: _____ Points: /60 Temps: :

1. 3 × 11
2. 8 × 5
3. 8 × 2
4. 9 × 5
5. 4 × 6
6. 7 × 8

7. 10 × 4
8. 5 × 6
9. 3 × 7
10. 5 × 8
11. 7 × 4
12. 1 × 6

13. 9 × 7
14. 6 × 7
15. 5 × 9
16. 3 × 4
17. 7 × 8
18. 1 × 10

19. 5 × 5
20. 8 × 4
21. 4 × 7
22. 5 × 4
23. 6 × 1
24. 9 × 8

25. 5 × 11
26. 8 × 8
27. 4 × 2
28. 5 × 7
29. 12 × 8
30. 5 × 4

31. 11 × 11
32. 8 × 2
33. 10 × 5
34. 0 × 9
35. 10 × 4
36. 6 × 9

37. 6 × 4
38. 7 × 6
39. 11 × 8
40. 10 × 10
41. 3 × 4
42. 8 × 2

43. 3 × 1
44. 5 × 4
45. 10 × 3
46. 5 × 2
47. 4 × 9
48. 7 × 8

49. 12 × 6
50. 9 × 8
51. 7 × 7
52. 3 × 8
53. 7 × 4
54. 5 × 3

55. 6 × 8
56. 12 × 5
57. 7 × 9
58. 4 × 4
59. 9 × 3
60. 4 × 2

Jour 84
Calculs Divers

Nom: _____ Points: /60 Temps: __:__

1. 4 × 10
2. 5 × 6
3. 3 × 2
4. 8 × 5
5. 6 × 7
6. 2 × 5

7. 4 × 3
8. 9 × 7
9. 2 × 7
10. 8 × 3
11. 7 × 4
12. 9 × 5

13. 8 × 4
14. 9 × 2
15. 5 × 1
16. 6 × 7
17. 3 × 6
18. 8 × 7

19. 1 × 2
20. 2 × 4
21. 3 × 8
22. 4 × 7
23. 7 × 9
24. 8 × 2

25. 0 × 9
26. 7 × 4
27. 9 × 3
28. 5 × 12
29. 8 × 9
30. 6 × 4

31. 8 × 11
32. 12 × 9
33. 10 × 8
34. 7 × 6
35. 5 × 4
36. 10 × 3

37. 4 × 6
38. 5 × 5
39. 2 × 9
40. 9 × 5
41. 12 × 7
42. 10 × 8

43. 6 × 6
44. 3 × 5
45. 3 × 8
46. 6 × 2
47. 4 × 9
48. 6 × 8

49. 7 × 4
50. 3 × 12
51. 7 × 7
52. 12 × 9
53. 8 × 7
54. 7 × 3

55. 1 × 5
56. 11 × 4
57. 8 × 8
58. 3 × 4
59. 3 × 9
60. 10 × 6

© Libro Studio LLC 2020

Jour 85
Calculs Divers

Nom: _____ Points: /60 Temps: :

1. 10 × 6
2. 7 × 4
3. 3 × 4
4. 8 × 9
5. 7 × 6
6. 5 × 9

7. 6 × 6
8. 12 × 2
9. 7 × 8
10. 5 × 3
11. 4 × 4
12. 7 × 9

13. 5 × 11
14. 9 × 4
15. 5 × 7
16. 2 × 8
17. 6 × 4
18. 4 × 7

19. 3 × 9
20. 5 × 4
21. 2 × 2
22. 6 × 8
23. 2 × 9
24. 3 × 7

25. 2 × 4
26. 11 × 4
27. 12 × 3
28. 3 × 2
29. 8 × 0
30. 9 × 4

31. 1 × 1
32. 8 × 8
33. 9 × 1
34. 11 × 9
35. 4 × 4
36. 12 × 9

37. 3 × 3
38. 8 × 3
39. 10 × 10
40. 6 × 7
41. 4 × 6
42. 8 × 9

43. 10 × 3
44. 5 × 5
45. 7 × 4
46. 5 × 8
47. 6 × 1
48. 6 × 5

49. 11 × 7
50. 12 × 7
51. 4 × 5
52. 2 × 4
53. 9 × 9
54. 6 × 7

55. 3 × 5
56. 7 × 8
57. 9 × 5
58. 4 × 8
59. 0 × 5
60. 7 × 9

© Libro Studio LLC 2020

Jour 86
Calculs Divers

Nom: _____ Points: /60 Temps: :

1. 7 × 6
2. 8 × 3
3. 2 × 6
4. 12 × 11
5. 9 × 4
6. 5 × 8

7. 6 × 4
8. 11 × 5
9. 8 × 9
10. 3 × 3
11. 8 × 4
12. 8 × 8

13. 6 × 9
14. 8 × 7
15. 5 × 9
16. 12 × 12
17. 5 × 5
18. 2 × 7

19. 3 × 7
20. 3 × 9
21. 9 × 8
22. 5 × 4
23. 10 × 10
24. 9 × 2

25. 5 × 7
26. 6 × 6
27. 11 × 3
28. 5 × 2
29. 7 × 7
30. 9 × 4

31. 11 × 11
32. 10 × 4
33. 6 × 5
34. 8 × 2
35. 9 × 7
36. 1 × 8

37. 3 × 9
38. 10 × 11
39. 13 × 7
40. 0 × 3
41. 8 × 5
42. 9 × 9

43. 3 × 5
44. 3 × 3
45. 12 × 8
46. 12 × 10
47. 5 × 9
48. 10 × 8

49. 6 × 8
50. 12 × 3
51. 4 × 5
52. 8 × 4
53. 9 × 8
54. 7 × 3

55. 0 × 9
56. 1 × 7
57. 4 × 4
58. 7 × 8
59. 9 × 6
60. 4 × 3

© Libro Studio LLC 2020

Jour 87
Calculs Divers

Nom: _____   Points: /60   Temps: :

1. 5 × 5
2. 9 × 6
3. 8 × 7
4. 1 × 5
5. 2 × 6
6. 7 × 3
7. 11 × 11
8. 5 × 2
9. 1 × 1
10. 7 × 8
11. 2 × 4
12. 9 × 6
13. 5 × 8
14. 9 × 4
15. 6 × 1
16. 12 × 12
17. 7 × 2
18. 10 × 9
19. 8 × 0
20. 3 × 4
21. 8 × 0
22. 5 × 4
23. 8 × 8
24. 3 × 2
25. 9 × 7
26. 10 × 10
27. 7 × 7
28. 2 × 2
29. 4 × 7
30. 5 × 4
31. 11 × 8
32. 9 × 8
33. 12 × 6
34. 9 × 7
35. 11 × 6
36. 12 × 8
37. 4 × 2
38. 4 × 12
39. 8 × 5
40. 12 × 5
41. 6 × 9
42. 9 × 2
43. 6 × 6
44. 10 × 7
45. 7 × 3
46. 11 × 4
47. 4 × 4
48. 6 × 5
49. 8 × 4
50. 10 × 1
51. 7 × 5
52. 4 × 9
53. 11 × 8
54. 5 × 3
55. 7 × 12
56. 7 × 4
57. 6 × 3
58. 9 × 9
59. 1 × 10
60. 8 × 5

© Libro Studio LLC 2020

Jour 88
Calculs Divers

Nom: _____ Points: /60 Temps: :

1. 12 ×6
2. 5 ×3
3. 7 ×9
4. 2 ×8
5. 4 ×9
6. 6 ×5

7. 10 ×4
8. 5 ×2
9. 7 ×4
10. 9 ×5
11. 6 ×4
12. 7 ×7

13. 3 ×3
14. 11 ×9
15. 5 ×4
16. 4 ×8
17. 8 ×9
18. 6 ×7

19. 1 ×0
20. 3 ×4
21. 8 ×8
22. 5 ×3
23. 8 ×6
24. 3 ×2

25. 12 ×3
26. 1 ×11
27. 9 ×2
28. 6 ×2
29. 2 ×12
30. 10 ×10

31. 7 ×8
32. 3 ×9
33. 6 ×6
34. 1 ×3
35. 12 ×11
36. 5 ×5

37. 9 ×6
38. 6 ×4
39. 10 ×3
40. 2 ×2
41. 5 ×9
42. 6 ×8

43. 10 ×0
44. 7 ×5
45. 7 ×7
46. 6 ×3
47. 12 ×7
48. 2 ×6

49. 11 ×11
50. 8 ×9
51. 8 ×5
52. 7 ×9
53. 10 ×3
54. 5 ×4

55. 8 ×6
56. 0 ×9
57. 5 ×5
58. 6 ×4
59. 7 ×7
60. 12 ×8

© Libro Studio LLC 2020

Jour 89
Calculs Divers

Nom: _____   Points: /60   Temps: :

1. 5 × 5
2. 9 × 8
3. 10 × 2
4. 8 × 1
5. 3 × 7
6. 5 × 12

7. 3 × 6
8. 5 × 8
9. 6 × 2
10. 3 × 3
11. 2 × 4
12. 9 × 7

13. 5 × 4
14. 9 × 9
15. 5 × 1
16. 7 × 4
17. 8 × 2
18. 6 × 6

19. 9 × 3
20. 3 × 4
21. 7 × 3
22. 10 × 10
23. 4 × 9
24. 3 × 11

25. 0 × 6
26. 1 × 7
27. 8 × 8
28. 5 × 2
29. 4 × 2
30. 9 × 8

31. 3 × 3
32. 12 × 9
33. 4 × 5
34. 6 × 9
35. 8 × 7
36. 11 × 7

37. 11 × 10
38. 4 × 6
39. 0 × 8
40. 3 × 5
41. 6 × 6
42. 10 × 2

43. 3 × 7
44. 5 × 6
45. 8 × 6
46. 1 × 2
47. 4 × 9
48. 7 × 5

49. 2 × 6
50. 9 × 8
51. 7 × 7
52. 11 × 8
53. 12 × 0
54. 8 × 3

55. 12 × 4
56. 9 × 5
57. 2 × 9
58. 1 × 8
59. 11 × 8
60. 4 × 7

© Libro Studio LLC 2020

Jour 90

Calculs Divers

Nom: ____________________ Points: /60 Temps: :

1. 5 x 7	2. 4 x 2	3. 1 x 7	4. 4 x 9	5. 8 x 6	6. 12 x 10
7. 9 x 6	8. 5 x 2	9. 11 x 11	10. 8 x 3	11. 9 x 3	12. 4 x 7
13. 5 x 8	14. 9 x 9	15. 8 x 1	16. 4 x 0	17. 7 x 9	18. 6 x 3
19. 1 x 10	20. 3 x 4	21. 7 x 3	22. 8 x 4	23. 9 x 8	24. 3 x 12
25. 11 x 4	26. 8 x 8	27. 0 x 6	28. 5 x 2	29. 7 x 2	30. 5 x 4
31. 8 x 7	32. 12 x 9	33. 2 x 8	34. 7 x 6	35. 5 x 5	36. 4 x 3
37. 5 x 6	38. 7 x 7	39. 12 x 6	40. 1 x 1	41. 9 x 6	42. 11 x 8
43. 6 x 10	44. 3 x 5	45. 3 x 3	46. 1 x 2	47. 9 x 9	48. 6 x 8
49. 7 x 4	50. 3 x 9	51. 10 x 10	52. 4 x 4	53. 12 x 5	54. 6 x 6
55. 7 x 2	56. 6 x 4	57. 9 x 7	58. 8 x 4	59. 3 x 2	60. 7 x 1

© Libro Studio LLC 2020

Jour 91
Calculs Divers

Nom: _____ Points: /60 Temps: :

1. 6 × 6
2. 7 × 7
3. 7 × 1
4. 2 × 5
5. 3 × 4
6. 2 × 6

7. 9 × 3
8. 5 × 2
9. 1 × 9
10. 3 × 3
11. 8 × 4
12. 9 × 5

13. 7 × 4
14. 10 × 11
15. 5 × 8
16. 4 × 4
17. 7 × 2
18. 1 × 3

19. 8 × 7
20. 6 × 5
21. 3 × 8
22. 8 × 9
23. 5 × 5
24. 3 × 6

25. 2 × 2
26. 1 × 4
27. 8 × 8
28. 5 × 2
29. 0 × 0
30. 5 × 4

31. 6 × 10
32. 12 × 8
33. 9 × 1
34. 11 × 1
35. 8 × 4
36. 12 × 12

37. 9 × 3
38. 8 × 7
39. 10 × 10
40. 6 × 5
41. 5 × 5
42. 4 × 9

43. 3 × 3
44. 8 × 5
45. 12 × 4
46. 2 × 8
47. 6 × 8
48. 11 × 7

49. 4 × 3
50. 10 × 7
51. 3 × 5
52. 7 × 4
53. 3 × 7
54. 4 × 6

55. 1 × 5
56. 11 × 8
57. 12 × 2
58. 5 × 7
59. 8 × 9
60. 6 × 6

© Libro Studio LLC 2020

Jour 92
Calculs Divers

Nom: _____ Points: /60 Temps: :

1. 10 × 3
2. 7 × 5
3. 4 × 8
4. 9 × 2
5. 10 × 10
6. 8 × 7
7. 5 × 3
8. 7 × 9
9. 0 × 8
10. 7 × 1
11. 2 × 4
12. 9 × 8
13. 5 × 4
14. 8 × 2
15. 5 × 1
16. 3 × 4
17. 5 × 12
18. 11 × 3
19. 9 × 6
20. 4 × 4
21. 2 × 0
22. 5 × 10
23. 7 × 4
24. 5 × 8
25. 8 × 1
26. 1 × 4
27. 0 × 3
28. 5 × 2
29. 2 × 2
30. 5 × 4
31. 11 × 1
32. 12 × 4
33. 6 × 5
34. 6 × 9
35. 8 × 7
36. 9 × 8
37. 6 × 6
38. 10 × 8
39. 9 × 9
40. 5 × 3
41. 11 × 2
42. 3 × 8
43. 10 × 10
44. 9 × 5
45. 7 × 10
46. 12 × 12
47. 7 × 9
48. 5 × 5
49. 4 × 9
50. 8 × 3
51. 8 × 5
52. 5 × 4
53. 9 × 0
54. 12 × 3
55. 3 × 3
56. 7 × 7
57. 1 × 10
58. 7 × 4
59. 9 × 3
60. 8 × 7

© Libro Studio LLC 2020

Jour 93
Calculs Divers

Nom: _____ Points: /60 Temps: :

1. 11 × 2
2. 9 × 8
3. 6 × 5
4. 6 × 9
5. 3 × 3
6. 5 × 4
7. 6 × 12
8. 4 × 8
9. 7 × 7
10. 9 × 3
11. 2 × 4
12. 8 × 3
13. 3 × 0
14. 7 × 8
15. 5 × 1
16. 4 × 4
17. 5 × 6
18. 11 × 11
19. 7 × 9
20. 3 × 4
21. 7 × 10
22. 6 × 8
23. 3 × 9
24. 3 × 2
25. 9 × 8
26. 12 × 8
27. 4 × 6
28. 7 × 2
29. 9 × 6
30. 8 × 4
31. 11 × 3
32. 0 × 8
33. 4 × 1
34. 11 × 12
35. 8 × 4
36. 4 × 9
37. 4 × 4
38. 8 × 7
39. 3 × 2
40. 6 × 7
41. 5 × 10
42. 5 × 9
43. 12 × 3
44. 8 × 2
45. 5 × 4
46. 11 × 8
47. 9 × 9
48. 2 × 5
49. 7 × 3
50. 12 × 9
51. 5 × 5
52. 3 × 4
53. 1 × 6
54. 8 × 4
55. 7 × 5
56. 3 × 8
57. 11 × 10
58. 2 × 2
59. 3 × 10
60. 2 × 1

© Libro Studio LLC 2020

Jour 94
Calculs Divers

Nom: _____   Points: /60   Temps: :

1. 6 × 6	2. 8 × 7	3. 4 × 5	4. 9 × 9	5. 12 × 7	6. 4 × 6
7. 7 × 3	8. 2 × 2	9. 9 × 3	10. 3 × 3	11. 8 × 3	12. 1 × 7
13. 9 × 4	14. 7 × 6	15. 5 × 1	16. 3 × 4	17. 5 × 5	18. 9 × 3
19. 8 × 12	20. 12 × 4	21. 2 × 6	22. 7 × 4	23. 8 × 8	24. 9 × 7
25. 10 × 10	26. 6 × 4	27. 3 × 6	28. 9 × 9	29. 7 × 2	30. 4 × 4
31. 3 × 2	32. 7 × 7	33. 12 × 5	34. 6 × 11	35. 10 × 7	36. 8 × 5
37. 10 × 9	38. 3 × 8	39. 4 × 7	40. 5 × 11	41. 6 × 6	42. 12 × 2
43. 7 × 5	44. 9 × 3	45. 4 × 6	46. 10 × 2	47. 7 × 9	48. 5 × 5
49. 12 × 8	50. 0 × 4	51. 4 × 5	52. 9 × 8	53. 3 × 3	54. 12 × 3
55. 7 × 6	56. 0 × 12	57. 11 × 10	58. 3 × 4	59. 9 × 6	60. 7 × 3

© Libro Studio LLC 2020

Jour 95
Calculs Divers

Nom: _____ Points: /60 Temps: :

1. 7 × 3
2. 8 × 1
3. 5 × 2
4. 6 × 2
5. 8 × 0
6. 8 × 9
7. 9 × 4
8. 8 × 2
9. 7 × 6
10. 3 × 3
11. 5 × 6
12. 1 × 2
13. 7 × 7
14. 9 × 6
15. 5 × 3
16. 1 × 8
17. 4 × 12
18. 5 × 7
19. 8 × 11
20. 10 × 4
21. 3 × 6
22. 5 × 4
23. 7 × 11
24. 9 × 12
25. 7 × 0
26. 1 × 9
27. 12 × 3
28. 2 × 8
29. 6 × 9
30. 7 × 8
31. 1 × 1
32. 8 × 3
33. 5 × 5
34. 8 × 9
35. 6 × 6
36. 0 × 9
37. 11 × 8
38. 7 × 6
39. 12 × 3
40. 1 × 5
41. 9 × 4
42. 4 × 2
43. 9 × 7
44. 5 × 8
45. 8 × 8
46. 3 × 2
47. 10 × 9
48. 3 × 5
49. 8 × 6
50. 9 × 2
51. 5 × 6
52. 1 × 8
53. 7 × 11
54. 12 × 4
55. 6 × 4
56. 10 × 10
57. 0 × 2
58. 4 × 8
59. 9 × 3
60. 7 × 8

© Libro Studio LLC 2020

Jour 96

Calculs Divers

Nom: ____________________ Points: /60 Temps: :

1. 12 x 5	2. 4 x 3	3. 6 x 8	4. 6 x 7	5. 9 x 3	6. 8 x 4
7. 3 x 5	8. 6 x 4	9. 7 x 6	10. 4 x 8	11. 2 x 12	12. 9 x 6
13. 9 x 2	14. 4 x 4	15. 5 x 1	16. 0 x 10	17. 5 x 10	18. 4 x 9
19. 8 x 7	20. 9 x 8	21. 10 x 10	22. 5 x 4	23. 12 x 8	24. 3 x 8
25. 6 x 2	26. 11 x 11	27. 5 x 5	28. 9 x 3	29. 2 x 2	30. 5 x 11
31. 9 x 9	32. 12 x 4	33. 10 x 2	34. 10 x 1	35. 4 x 7	36. 3 x 8
37. 7 x 9	38. 8 x 8	39. 12 x 7	40. 5 x 3	41. 7 x 7	42. 0 x 6
43. 6 x 5	44. 9 x 5	45. 8 x 2	46. 12 x 3	47. 8 x 9	48. 10 x 10
49. 6 x 2	50. 4 x 3	51. 8 x 5	52. 5 x 4	53. 9 x 6	54. 8 x 3
55. 11 x 7	56. 9 x 3	57. 7 x 2	58. 7 x 1	59. 5 x 5	60. 3 x 3

© Libro Studio LLC 2020

Jour 97
Calculs Divers

Nom: _____   Points: /60   Temps: __:__

1. 6 × 4
2. 5 × 8
3. 7 × 6
4. 1 × 5
5. 8 × 3
6. 5 × 6
7. 8 × 8
8. 5 × 2
9. 4 × 9
10. 6 × 8
11. 2 × 4
12. 9 × 7
13. 7 × 4
14. 2 × 8
15. 5 × 1
16. 4 × 11
17. 8 × 4
18. 1 × 12
19. 3 × 6
20. 3 × 4
21. 6 × 12
22. 5 × 9
23. 1 × 7
24. 3 × 12
25. 10 × 0
26. 9 × 9
27. 0 × 0
28. 5 × 2
29. 8 × 7
30. 5 × 6
31. 3 × 8
32. 4 × 9
33. 11 × 6
34. 8 × 2
35. 6 × 9
36. 5 × 8
37. 4 × 2
38. 7 × 7
39. 8 × 12
40. 10 × 10
41. 6 × 10
42. 2 × 2
43. 6 × 6
44. 8 × 9
45. 7 × 3
46. 11 × 9
47. 2 × 7
48. 6 × 5
49. 5 × 12
50. 3 × 3
51. 7 × 5
52. 7 × 9
53. 11 × 10
54. 8 × 3
55. 1 × 2
56. 2 × 4
57. 5 × 9
58. 7 × 4
59. 3 × 6
60. 11 × 5

Jour 98

Calculs Divers

Nom: ______________________

Points: /60

Temps: :

1. 8 x 7	2. 8 x 4	3. 7 x 2	4. 9 x 6	5. 3 x 7	6. 8 x 10
7. 12 x 7	8. 6 x 2	9. 9 x 7	10. 3 x 3	11. 6 x 6	12. 9 x 5
13. 5 x 4	14. 7 x 0	15. 5 x 6	16. 4 x 4	17. 1 x 0	18. 7 x 4
19. 10 x 11	20. 3 x 4	21. 2 x 9	22. 6 x 4	23. 5 x 5	24. 8 x 2
25. 8 x 3	26. 0 x 8	27. 9 x 3	28. 5 x 2	29. 2 x 12	30. 5 x 10
31. 7 x 6	32. 12 x 4	33. 10 x 3	34. 6 x 1	35. 4 x 7	36. 5 x 8
37. 12 x 9	38. 10 x 8	39. 11 x 7	40. 5 x 3	41. 7 x 5	42. 8 x 2
43. 3 x 3	44. 4 x 5	45. 8 x 4	46. 12 x 5	47. 9 x 9	48. 1 x 5
49. 7 x 8	50. 6 x 3	51. 8 x 5	52. 9 x 4	53. 6 x 10	54. 8 x 3
55. 2 x 5	56. 0 x 3	57. 7 x 10	58. 12 x 8	59. 9 x 3	60. 6 x 7

© Libro Studio LLC 2020

Jour 99
Calculs Divers

Nom: _____ Points: /60   Temps: :

1. 9 × 9
2. 8 × 6
3. 2 × 7
4. 8 × 5
5. 3 × 6
6. 10 × 12

7. 3 × 3
8. 5 × 2
9. 6 × 1
10. 7 × 3
11. 2 × 4
12. 9 × 8

13. 5 × 1
14. 11 × 11
15. 5 × 4
16. 6 × 4
17. 8 × 3
18. 1 × 3

19. 6 × 6
20. 3 × 4
21. 2 × 9
22. 5 × 4
23. 8 × 7
24. 3 × 2

25. 9 × 7
26. 7 × 4
27. 6 × 5
28. 5 × 2
29. 10 × 2
30. 8 × 4

31. 11 × 8
32. 0 × 10
33. 12 × 6
34. 8 × 1
35. 3 × 9
36. 2 × 8

37. 12 × 5
38. 7 × 1
39. 8 × 5
40. 4 × 2
41. 9 × 9
42. 4 × 2

43. 9 × 6
44. 11 × 9
45. 7 × 3
46. 11 × 4
47. 7 × 7
48. 6 × 5

49. 7 × 9
50. 10 × 1
51. 7 × 5
52. 12 × 9
53. 6 × 8
54. 9 × 2

55. 4 × 3
56. 7 × 4
57. 8 × 9
58. 5 × 4
59. 11 × 10
60. 8 × 3

© Libro Studio LLC 2020

Jour 100
Calculs Divers

Nom: _____ Points: /60 Temps: :

1. 1 × 3
2. 2 × 2
3. 11 × 2
4. 1 × 8
5. 9 × 5
6. 7 × 10
7. 9 × 3
8. 6 × 6
9. 9 × 6
10. 3 × 3
11. 8 × 4
12. 3 × 7
13. 8 × 12
14. 8 × 8
15. 5 × 1
16. 8 × 2
17. 9 × 3
18. 1 × 3
19. 7 × 4
20. 3 × 4
21. 2 × 0
22. 5 × 4
23. 8 × 7
24. 3 × 2
25. 9 × 2
26. 1 × 4
27. 9 × 7
28. 5 × 2
29. 12 × 4
30. 5 × 4
31. 7 × 8
32. 4 × 4
33. 11 × 5
34. 6 × 1
35. 12 × 7
36. 9 × 8
37. 5 × 3
38. 10 × 8
39. 12 × 12
40. 4 × 9
41. 11 × 5
42. 6 × 2
43. 5 × 5
44. 9 × 5
45. 0 × 6
46. 5 × 2
47. 12 × 9
48. 7 × 5
49. 9 × 8
50. 12 × 3
51. 8 × 5
52. 5 × 4
53. 9 × 2
54. 8 × 3
55. 6 × 3
56. 7 × 7
57. 8 × 5
58. 7 × 4
59. 9 × 3
60. 6 × 9

© Libro Studio LLC 2020

Réponses

Jour 1:

1) 4 2) 0 3) 2 4) 1 5) 0 6) 0
7) 7 8) 5 9) 0 10) 9 11) 0 12) 0
13) 7 14) 4 15) 9 16) 0 17) 0 18) 7
19) 9 20) 0 21) 0 22) 8 23) 0 24) 0
25) 5 26) 4 27) 0 28) 0 29) 6 30) 0
31) 1 32) 0 33) 5 34) 0 35) 9 36) 0
37) 0 38) 3 39) 7 40) 0 41) 4 42) 0
43) 5 44) 0 45) 0 46) 6 47) 8 48) 2
49) 0 50) 1 51) 5 52) 0 53) 0 54) 0
55) 0 56) 0 57) 0 58) 4 59) 3 60) 2

Jour 2:

1) 0 2) 3 3) 7 4) 6 5) 0 6) 0
7) 5 8) 5 9) 0 10) 9 11) 0 12) 0
13) 7 14) 4 15) 9 16) 0 17) 0 18) 7
19) 8 20) 0 21) 0 22) 9 23) 0 24) 0
25) 0 26) 4 27) 0 28) 5 29) 6 30) 0
31) 1 32) 0 33) 5 34) 0 35) 9 36) 0
37) 0 38) 3 39) 7 40) 0 41) 4 42) 0
43) 5 44) 0 45) 0 46) 6 47) 8 48) 2
49) 1 50) 0 51) 5 52) 0 53) 0 54) 0
55) 0 56) 0 57) 0 58) 4 59) 3 60) 2

Jour 3:

1) 0 2) 9 3) 4 4) 7 5) 0 6) 0
7) 7 8) 5 9) 0 10) 9 11) 0 12) 0
13) 6 14) 4 15) 3 16) 0 17) 0 18) 7
19) 5 20) 0 21) 0 22) 9 23) 0 24) 0
25) 0 26) 4 27) 0 28) 8 29) 6 30) 0
31) 1 32) 0 33) 5 34) 0 35) 9 36) 0
37) 0 38) 3 39) 9 40) 0 41) 1 42) 0
43) 5 44) 0 45) 0 46) 6 47) 8 48) 2
49) 0 50) 0 51) 5 52) 0 53) 4 54) 0
55) 0 56) 0 57) 0 58) 2 59) 7 60) 4

Jour 4:

1) 0 2) 5 3) 2 4) 5 5) 0 6) 6
7) 7 8) 5 9) 0 10) 9 11) 0 12) 0
13) 0 14) 9 15) 3 16) 0 17) 0 18) 1
19) 5 20) 0 21) 0 22) 4 23) 0 24) 0
25) 0 26) 4 27) 0 28) 8 29) 5 30) 0
31) 4 32) 0 33) 5 34) 0 35) 9 36) 0
37) 0 38) 3 39) 9 40) 0 41) 1 42) 0
43) 6 44) 0 45) 0 46) 4 47) 8 48) 2
49) 0 50) 0 51) 5 52) 0 53) 7 54) 0
55) 0 56) 0 57) 0 58) 2 59) 7 60) 4

Jour 5:

1) 6 2) 10 3) 2 4) 10 5) 6 6) 12
7) 14 8) 10 9) 16 10) 18 11) 8 12) 0
13) 2 14) 14 15) 6 16) 18 17) 12 18) 18
19) 10 20) 6 21) 4 22) 12 23) 16 24) 6
25) 10 26) 8 27) 18 28) 16 29) 10 30) 6
31) 18 32) 0 33) 10 34) 2 35) 8 36) 10
37) 12 38) 6 39) 14 40) 8 41) 2 42) 16
43) 10 44) 12 45) 18 46) 4 47) 16 48) 12
49) 8 50) 14 51) 10 52) 4 53) 18 54) 16
55) 2 56) 8 57) 18 58) 4 59) 10 60) 14

Jour 6:

1) 4 2) 16 3) 12 4) 10 5) 6 6) 10
7) 14 8) 10 9) 12 10) 18 11) 8 12) 0
13) 14 14) 8 15) 18 16) 16 17) 12 18) 14
19) 16 20) 6 21) 10 22) 16 23) 0 24) 18
25) 10 26) 8 27) 6 28) 2 29) 10 30) 16
31) 4 32) 14 33) 10 34) 8 35) 18 36) 12
37) 2 38) 6 39) 14 40) 10 41) 8 42) 18
43) 12 44) 10 45) 18 46) 4 47) 16 48) 2
49) 8 50) 2 51) 10 52) 12 53) 0 54) 6
55) 18 56) 16 57) 4 58) 8 59) 6 60) 12

Jour 7:

1) 14 2) 8 3) 0 4) 18 5) 12 6) 2
7) 18 8) 10 9) 12 10) 18 11) 10 12) 0
13) 14 14) 2 15) 10 16) 16 17) 12 18) 14
19) 18 20) 6 21) 4 22) 8 23) 0 24) 14
25) 10 26) 8 27) 6 28) 0 29) 12 30) 16
31) 16 32) 14 33) 10 34) 2 35) 18 36) 10
37) 18 38) 6 39) 14 40) 8 41) 8 42) 16
43) 10 44) 12 45) 18 46) 6 47) 12 48) 4
49) 8 50) 2 51) 4 52) 16 53) 2 54) 6
55) 8 56) 8 57) 10 58) 10 59) 16 60) 12

Jour 8:

1) 0 2) 8 3) 6 4) 10 5) 6 6) 4
7) 10 8) 10 9) 16 10) 18 11) 8 12) 2
13) 14 14) 8 15) 18 16) 14 17) 12 18) 14
19) 16 20) 6 21) 4 22) 18 23) 0 24) 18
25) 4 26) 8 27) 6 28) 10 29) 12 30) 16
31) 2 32) 14 33) 10 34) 0 35) 18 36) 12
37) 8 38) 6 39) 14 40) 4 41) 8 42) 16
43) 10 44) 4 45) 18 46) 12 47) 10 48) 16
49) 2 50) 12 51) 10 52) 16 53) 0 54) 6
55) 10 56) 8 57) 18 58) 8 59) 6 60) 10

Jour 9:

1) 12 2) 6 3) 14 4) 10 5) 6 6) 12
7) 14 8) 10 9) 16 10) 18 11) 8 12) 0
13) 12 14) 8 15) 6 16) 14 17) 12 18) 14
19) 10 20) 6 21) 4 22) 18 23) 12 24) 6
25) 18 26) 8 27) 10 28) 16 29) 12 30) 4
31) 2 32) 14 33) 10 34) 0 35) 18 36) 10
37) 8 38) 6 39) 18 40) 6 41) 2 42) 16
43) 10 44) 12 45) 18 46) 12 47) 16 48) 4
49) 2 50) 0 51) 10 52) 16 53) 8 54) 16
55) 18 56) 8 57) 10 58) 4 59) 14 60) 8

Jour 10:

1) 14 2) 4 3) 8 4) 10 5) 6 6) 2
7) 16 8) 10 9) 14 10) 18 11) 8 12) 0
13) 14 14) 18 15) 6 16) 18 17) 12 18) 2
19) 12 20) 6 21) 4 22) 8 23) 10 24) 6
25) 18 26) 8 27) 10 28) 16 29) 10 30) 4
31) 8 32) 2 33) 10 34) 0 35) 18 36) 16
37) 8 38) 6 39) 18 40) 16 41) 2 42) 8
43) 0 44) 6 45) 18 46) 4 47) 16 48) 12
49) 14 50) 8 51) 10 52) 6 53) 14 54) 2
55) 10 56) 12 57) 18 58) 16 59) 14 60) 10

Jour 11:

1) 14 2) 12 3) 4 4) 10 5) 0 6) 12
7) 6 8) 10 9) 16 10) 18 11) 8 12) 0
13) 2 14) 14 15) 6 16) 18 17) 10 18) 18
19) 12 20) 6 21) 4 22) 12 23) 16 24) 6
25) 10 26) 8 27) 18 28) 16 29) 10 30) 6
31) 8 32) 0 33) 10 34) 2 35) 18 36) 10
37) 12 38) 4 39) 14 40) 8 41) 2 42) 16
43) 10 44) 12 45) 18 46) 4 47) 16 48) 12
49) 8 50) 14 51) 10 52) 4 53) 18 54) 2
55) 16 56) 8 57) 18 58) 6 59) 10 60) 14

Jour 12:

1) 21 2) 9 3) 12 4) 15 5) 18 6) 3
7) 27 8) 15 9) 18 10) 21 11) 12 12) 24
13) 21 14) 12 15) 27 16) 0 17) 18 18) 21
19) 24 20) 9 21) 15 22) 24 23) 0 24) 27
25) 15 26) 12 27) 9 28) 3 29) 15 30) 24
31) 6 32) 21 33) 15 34) 12 35) 27 36) 18
37) 3 38) 9 39) 21 40) 15 41) 12 42) 27
43) 18 44) 15 45) 27 46) 6 47) 24 48) 3
49) 12 50) 3 51) 15 52) 18 53) 0 54) 9
55) 27 56) 24 57) 6 58) 12 59) 9 60) 18

Jour 13:

1) 15 2) 21 3) 6 4) 9 5) 18 6) 15
7) 21 8) 15 9) 18 10) 27 11) 12 12) 24
13) 21 14) 12 15) 27 16) 9 17) 18 18) 21
19) 24 20) 0 21) 15 22) 24 23) 0 24) 27
25) 9 26) 12 27) 15 28) 3 29) 18 30) 24
31) 6 32) 21 33) 15 34) 12 35) 27 36) 15
37) 3 38) 9 39) 21 40) 15 41) 12 42) 27
43) 18 44) 15 45) 27 46) 6 47) 24 48) 3
49) 12 50) 3 51) 15 52) 18 53) 0 54) 9
55) 27 56) 24 57) 6 58) 12 59) 9 60) 18

Jour 14:

1) 9 2) 6 3) 15 4) 0 5) 12 6) 18
7) 27 8) 15 9) 18 10) 27 11) 15 12) 3
13) 21 14) 0 15) 15 16) 24 17) 18 18) 21
19) 9 20) 12 21) 6 22) 27 23) 0 24) 21
25) 15 26) 12 27) 9 28) 0 29) 18 30) 24
31) 24 32) 21 33) 12 34) 3 35) 27 36) 15
37) 12 38) 9 39) 21 40) 15 41) 12 42) 24
43) 15 44) 18 45) 27 46) 9 47) 18 48) 6
49) 27 50) 3 51) 6 52) 24 53) 3 54) 9
55) 21 56) 12 57) 15 58) 15 59) 24 60) 18

Jour 15:

1) 15 2) 21 3) 27 4) 9 5) 12 6) 15
7) 27 8) 15 9) 24 10) 0 11) 18 12) 3
13) 21 14) 12 15) 27 16) 21 17) 18 18) 21
19) 24 20) 9 21) 6 22) 27 23) 0 24) 27
25) 6 26) 12 27) 6 28) 15 29) 18 30) 24
31) 3 32) 21 33) 15 34) 0 35) 27 36) 18
37) 12 38) 9 39) 21 40) 6 41) 12 42) 24
43) 15 44) 9 45) 27 46) 18 47) 15 48) 24
49) 3 50) 18 51) 15 52) 24 53) 0 54) 9
55) 15 56) 12 57) 27 58) 12 59) 9 60) 15

Jour 16:

1) 21 2) 6 3) 9 4) 18 5) 21 6) 15
7) 0 8) 15 9) 24 10) 27 11) 12 12) 21
13) 18 14) 12 15) 9 16) 21 17) 18 18) 3
19) 15 20) 18 21) 6 22) 27 23) 9 24) 6
25) 27 26) 12 27) 15 28) 24 29) 18 30) 6
31) 3 32) 21 33) 15 34) 0 35) 27 36) 15
37) 12 38) 6 39) 27 40) 9 41) 3 42) 24
43) 15 44) 18 45) 27 46) 18 47) 24 48) 6
49) 3 50) 0 51) 15 52) 24 53) 12 54) 24
55) 27 56) 12 57) 15 58) 6 59) 21 60) 12

Jour 17:

1) 18 2) 24 3) 15 4) 3 5) 12 6) 24
7) 21 8) 15 9) 24 10) 27 11) 12 12) 6
13) 18 14) 12 15) 9 16) 21 17) 18 18) 21
19) 15 20) 27 21) 6 22) 21 23) 18 24) 6
25) 9 26) 12 27) 15 28) 24 29) 18 30) 0
31) 3 32) 21 33) 15 34) 0 35) 27 36) 15
37) 12 38) 9 39) 27 40) 6 41) 3 42) 24
43) 15 44) 18 45) 27 46) 0 47) 24 48) 6
49) 3 50) 18 51) 15 52) 24 53) 12 54) 15
55) 27 56) 12 57) 15 58) 6 59) 21 60) 24

Jour 18:

1) 24 2) 3 3) 27 4) 18 5) 21 6) 24
7) 6 8) 15 9) 0 10) 27 11) 12 12) 3
13) 21 14) 9 15) 27 16) 12 17) 18 18) 6
19) 18 20) 9 21) 6 22) 12 23) 15 24) 9
25) 27 26) 12 27) 15 28) 24 29) 15 30) 6
31) 12 32) 3 33) 15 34) 0 35) 27 36) 24
37) 12 38) 9 39) 27 40) 24 41) 3 42) 12
43) 0 44) 9 45) 27 46) 6 47) 24 48) 18
49) 21 50) 12 51) 15 52) 9 53) 21 54) 3
55) 15 56) 18 57) 27 58) 24 59) 21 60) 15

Réponses

Jour 19:
1) 0 2) 24 3) 8 4) 36 5) 16 6) 20
7) 8 8) 20 9) 32 10) 36 11) 16 12) 0
13) 4 14) 28 15) 12 16) 36 17) 20 18) 8
19) 24 20) 12 21) 8 22) 24 23) 32 24) 12
25) 20 26) 16 27) 36 28) 32 29) 20 30) 12
31) 16 32) 0 33) 20 34) 4 35) 36 36) 20
37) 24 38) 8 39) 28 40) 16 41) 4 42) 32
43) 20 44) 24 45) 36 46) 8 47) 32 48) 24
49) 16 50) 28 51) 20 52) 8 53) 36 54) 4
55) 32 56) 8 57) 36 58) 12 59) 20 60) 28

Jour 22:
1) 4 2) 28 3) 8 4) 32 5) 36 6) 12
7) 36 8) 20 9) 24 10) 36 11) 20 12) 4
13) 28 14) 0 15) 20 16) 32 17) 24 18) 28
19) 12 20) 0 21) 8 22) 28 23) 16 24) 36
25) 20 26) 12 27) 8 28) 28 29) 24 30) 4
31) 32 32) 28 33) 16 34) 4 35) 36 36) 20
37) 28 38) 12 39) 28 40) 20 41) 32 42) 16
43) 20 44) 24 45) 36 46) 12 47) 24 48) 8
49) 36 50) 4 51) 8 52) 32 53) 4 54) 12
55) 12 56) 32 57) 20 58) 24 59) 12 60) 32

Jour 25:
1) 28 2) 4 3) 20 4) 8 5) 0 6) 20
7) 8 8) 20 9) 0 10) 36 11) 16 12) 4
13) 28 14) 12 15) 36 16) 16 17) 24 18) 8
19) 24 20) 16 21) 8 22) 12 23) 20 24) 12
25) 36 26) 12 27) 20 28) 32 29) 20 30) 8
31) 16 32) 0 33) 20 34) 4 35) 36 36) 32
37) 28 38) 24 39) 36 40) 32 41) 4 42) 16
43) 12 44) 20 45) 36 46) 8 47) 32 48) 24
49) 28 50) 12 51) 20 52) 16 53) 28 54) 4
55) 20 56) 24 57) 36 58) 32 59) 28 60) 20

Jour 28:
1) 15 2) 40 3) 35 4) 25 5) 10 6) 20
7) 40 8) 30 9) 35 10) 45 11) 15 12) 10
13) 45 14) 15 15) 35 16) 25 17) 30 18) 20
19) 15 20) 20 21) 35 22) 40 23) 10 24) 45
25) 10 26) 15 27) 25 28) 5 29) 30 30) 40
31) 20 32) 35 33) 5 34) 20 35) 45 36) 0
37) 5 38) 25 39) 35 40) 20 41) 40 42) 45
43) 30 44) 45 45) 25 46) 10 47) 20 48) 5
49) 15 50) 5 51) 20 52) 30 53) 45 54) 15
55) 30 56) 40 57) 10 58) 35 59) 15 60) 0

Jour 31:
1) 0 2) 40 3) 10 4) 5 5) 10 6) 35
7) 15 8) 10 9) 40 10) 20 11) 45 12) 25
13) 35 14) 20 15) 15 16) 45 17) 30 18) 35
19) 10 20) 45 21) 20 22) 35 23) 30 24) 10
25) 20 26) 15 27) 5 28) 40 29) 30 30) 25
31) 15 32) 35 33) 30 34) 10 35) 45 36) 5
37) 25 38) 15 39) 45 40) 20 41) 0 42) 40
43) 20 44) 30 45) 45 46) 0 47) 40 48) 10
49) 5 50) 25 51) 30 52) 40 53) 20 54) 20
55) 45 56) 40 57) 20 58) 10 59) 35 60) 25

Jour 34:
1) 36 2) 18 3) 42 4) 48 5) 18 6) 30
7) 54 8) 24 9) 48 10) 42 11) 36 12) 24
13) 42 14) 24 15) 54 16) 0 17) 30 18) 42
19) 36 20) 18 21) 48 22) 30 23) 6 24) 0
25) 30 26) 6 27) 18 28) 24 29) 48 30) 36
31) 12 32) 42 33) 18 34) 54 35) 24 36) 6
37) 36 38) 30 39) 42 40) 12 41) 24 42) 54
43) 48 44) 42 45) 54 46) 12 47) 36 48) 6
49) 24 50) 36 51) 30 52) 6 53) 54 54) 18
55) 36 56) 30 57) 12 58) 24 59) 18 60) 54

Jour 20:
1) 24 2) 4 3) 8 4) 36 5) 8 6) 28
7) 36 8) 20 9) 24 10) 28 11) 32 12) 16
13) 28 14) 16 15) 36 16) 0 17) 24 18) 28
19) 32 20) 12 21) 20 22) 32 23) 0 24) 36
25) 20 26) 4 27) 12 28) 16 29) 20 30) 32
31) 8 32) 28 33) 20 34) 36 35) 16 36) 24
37) 4 38) 12 39) 28 40) 20 41) 16 42) 36
43) 24 44) 0 45) 36 46) 8 47) 32 48) 4
49) 20 50) 4 51) 16 52) 24 53) 36 54) 12
55) 36 56) 32 57) 8 58) 16 59) 12 60) 24

Jour 23:
1) 24 2) 32 3) 24 4) 4 5) 12 6) 16
7) 0 8) 20 9) 32 10) 36 11) 24 12) 4
13) 16 14) 28 15) 36 16) 28 17) 24 18) 8
19) 32 20) 12 21) 8 22) 36 23) 12 24) 0
25) 8 26) 12 27) 8 28) 20 29) 24 30) 32
31) 4 32) 28 33) 20 34) 12 35) 16 36) 24
37) 12 38) 0 39) 28 40) 8 41) 36 42) 32
43) 20 44) 12 45) 36 46) 24 47) 20 48) 32
49) 4 50) 0 51) 20 52) 32 53) 24 54) 12
55) 20 56) 28 57) 36 58) 12 59) 16 60) 20

Jour 26:
1) 0 2) 25 3) 40 4) 10 5) 45 6) 40
7) 10 8) 35 9) 25 10) 45 11) 20 12) 30
13) 5 14) 35 15) 0 16) 45 17) 25 18) 10
19) 30 20) 15 21) 10 22) 30 23) 40 24) 15
25) 25 26) 20 27) 45 28) 40 29) 25 30) 15
31) 20 32) 0 33) 25 34) 5 35) 45 36) 25
37) 30 38) 10 39) 35 40) 20 41) 5 42) 40
43) 25 44) 30 45) 45 46) 10 47) 40 48) 30
49) 20 50) 35 51) 15 52) 10 53) 45 54) 5
55) 40 56) 10 57) 45 58) 15 59) 25 60) 35

Jour 29:
1) 25 2) 35 3) 5 4) 10 5) 15 6) 30
7) 20 8) 5 9) 30 10) 45 11) 20 12) 15
13) 35 14) 10 15) 20 16) 40 17) 0 18) 35
19) 30 20) 20 21) 10 22) 35 23) 45 24) 25
25) 20 26) 15 27) 10 28) 35 29) 30 30) 5
31) 20 32) 35 33) 20 34) 5 35) 45 36) 35
37) 25 38) 15 39) 35 40) 30 41) 40 42) 20
43) 5 44) 30 45) 45 46) 15 47) 30 48) 10
49) 45 50) 5 51) 10 52) 40 53) 25 54) 15
55) 5 56) 40 57) 20 58) 30 59) 15 60) 40

Jour 32:
1) 35 2) 10 3) 5 4) 20 5) 30 6) 40
7) 5 8) 35 9) 25 10) 45 11) 20 12) 30
13) 10 14) 35 15) 0 16) 45 17) 25 18) 10
19) 20 20) 15 21) 10 22) 30 23) 40 24) 15
25) 25 26) 20 27) 45 28) 40 29) 25 30) 20
31) 30 32) 0 33) 25 34) 5 35) 45 36) 15
37) 30 38) 10 39) 35 40) 20 41) 5 42) 25
43) 20 44) 30 45) 45 46) 10 47) 40 48) 30
49) 40 50) 35 51) 15 52) 10 53) 45 54) 5
55) 25 56) 10 57) 45 58) 15 59) 40 60) 35

Jour 35:
1) 0 2) 24 3) 12 4) 54 5) 48 6) 24
7) 48 8) 36 9) 42 10) 54 11) 18 12) 12
13) 54 14) 18 15) 42 16) 30 17) 24 18) 30
19) 18 20) 36 21) 42 22) 48 23) 12 24) 54
25) 12 26) 18 27) 30 28) 6 29) 24 30) 48
31) 24 32) 42 33) 6 34) 36 35) 54 36) 18
37) 30 38) 48 39) 42 40) 24 41) 0 42) 54
43) 6 44) 54 45) 30 46) 12 47) 24 48) 30
49) 18 50) 36 51) 24 52) 12 53) 54 54) 18
55) 6 56) 48 57) 12 58) 42 59) 18 60) 6

Jour 21:
1) 36 2) 24 3) 28 4) 20 5) 12 6) 24
7) 28 8) 20 9) 24 10) 36 11) 12 12) 32
13) 20 14) 12 15) 36 16) 16 17) 24 18) 28
19) 32 20) 12 21) 28 22) 32 23) 8 24) 36
25) 0 26) 12 27) 20 28) 4 29) 24 30) 32
31) 8 32) 28 33) 20 34) 16 35) 36 36) 20
37) 4 38) 0 39) 28 40) 20 41) 32 42) 36
43) 24 44) 20 45) 36 46) 8 47) 16 48) 4
49) 12 50) 4 51) 20 52) 24 53) 0 54) 12
55) 36 56) 32 57) 8 58) 20 59) 12 60) 24

Jour 24:
1) 28 2) 32 3) 8 4) 36 5) 12 6) 24
7) 12 8) 20 9) 32 10) 36 11) 16 12) 8
13) 24 14) 16 15) 12 16) 28 17) 24 18) 28
19) 20 20) 36 21) 8 22) 28 23) 24 24) 8
25) 16 26) 12 27) 20 28) 32 29) 24 30) 4
31) 12 32) 28 33) 20 34) 8 35) 36 36) 0
37) 24 38) 12 39) 36 40) 8 41) 4 42) 32
43) 20 44) 24 45) 36 46) 0 47) 32 48) 8
49) 4 50) 24 51) 20 52) 32 53) 16 54) 20
55) 36 56) 16 57) 20 58) 8 59) 28 60) 32

Jour 27:
1) 10 2) 40 3) 30 4) 45 5) 15 6) 20
7) 45 8) 20 9) 40 10) 35 11) 30 12) 20
13) 35 14) 20 15) 45 16) 0 17) 30 18) 35
19) 40 20) 15 21) 40 22) 20 23) 5 24) 25
25) 0 26) 5 27) 15 28) 20 29) 30 30) 40
31) 10 32) 35 33) 15 34) 45 35) 20 36) 30
37) 5 38) 25 39) 35 40) 10 41) 20 42) 45
43) 30 44) 35 45) 45 46) 10 47) 40 48) 5
49) 20 50) 5 51) 25 52) 30 53) 45 54) 15
55) 45 56) 0 57) 10 58) 20 59) 15 60) 30

Jour 30:
1) 15 2) 35 3) 40 4) 45 5) 0 6) 35
7) 0 8) 40 9) 25 10) 45 11) 30 12) 5
13) 20 14) 35 15) 45 16) 35 17) 30 18) 10
19) 40 20) 15 21) 10 22) 45 23) 15 24) 0
25) 10 26) 15 27) 10 28) 25 29) 30 30) 40
31) 5 32) 35 33) 25 34) 15 35) 20 36) 30
37) 15 38) 0 39) 35 40) 10 41) 45 42) 40
43) 15 44) 25 45) 45 46) 30 47) 25 48) 40
49) 5 50) 0 51) 25 52) 40 53) 30 54) 15
55) 25 56) 15 57) 45 58) 35 59) 20 60) 25

Jour 33:
1) 24 2) 54 3) 48 4) 30 5) 36 6) 42
7) 12 8) 30 9) 0 10) 54 11) 24 12) 6
13) 42 14) 18 15) 54 16) 24 17) 36 18) 12
19) 36 20) 24 21) 12 22) 18 23) 30 24) 18
25) 54 26) 18 27) 30 28) 48 29) 30 30) 12
31) 24 32) 0 33) 30 34) 6 35) 54 36) 48
37) 42 38) 0 39) 54 40) 48 41) 6 42) 36
43) 18 44) 30 45) 54 46) 12 47) 48 48) 36
49) 42 50) 18 51) 30 52) 24 53) 42 54) 6
55) 30 56) 36 57) 54 58) 48 59) 42 60) 30

Jour 36:
1) 42 2) 18 3) 12 4) 6 5) 18 6) 48
7) 24 8) 6 9) 12 10) 54 11) 24 12) 18
13) 42 14) 12 15) 24 16) 48 17) 0 18) 42
19) 18 20) 24 21) 6 22) 42 23) 54 24) 30
25) 24 26) 36 27) 12 28) 42 29) 36 30) 6
31) 24 32) 42 33) 24 34) 6 35) 54 36) 42
37) 36 38) 18 39) 42 40) 30 41) 48 42) 24
43) 6 44) 30 45) 54 46) 18 47) 12 48) 36
49) 54 50) 6 51) 12 52) 48 53) 30 54) 18
55) 6 56) 30 57) 24 58) 48 59) 18 60) 48

© Libro Studio LLC 2020

Réponses

Jour 37:
1) 12 2) 12 3) 48 4) 54 5) 24 6) 18
7) 0 8) 48 9) 30 10) 54 11) 36 12) 6
13) 48 14) 42 15) 54 16) 42 17) 12 18) 0
19) 48 20) 18 21) 12 22) 54 23) 18 24) 12
25) 30 26) 0 27) 12 28) 18 29) 30 30) 48
31) 6 32) 42 33) 30 34) 18 35) 24 36) 36
37) 18 38) 6 39) 42 40) 12 41) 54 42) 48
43) 18 44) 30 45) 54 46) 18 47) 30 48) 48
49) 6 50) 24 51) 30 52) 48 53) 30 54) 18
55) 12 56) 0 57) 54 58) 42 59) 24 60) 30

Jour 38:
1) 24 2) 6 3) 12 4) 48 5) 42 6) 18
7) 30 8) 12 9) 48 10) 24 11) 54 12) 30
13) 42 14) 24 15) 18 16) 30 17) 36 18) 42
19) 12 20) 54 21) 36 22) 42 23) 24 24) 12
25) 0 26) 18 27) 6 28) 48 29) 12 30) 30
31) 36 32) 6 33) 30 34) 12 35) 54 36) 6
37) 42 38) 18 39) 54 40) 12 41) 24 42) 48
43) 30 44) 18 45) 54 46) 30 47) 48 48) 12
49) 54 50) 30 51) 36 52) 48 53) 24 54) 6
55) 12 56) 48 57) 24 58) 36 59) 42 60) 6

Jour 39:
1) 54 2) 36 3) 48 4) 6 5) 42 6) 30
7) 30 8) 42 9) 6 10) 54 11) 24 12) 18
13) 12 14) 42 15) 30 16) 54 17) 0 18) 12
19) 24 20) 36 21) 12 22) 6 23) 48 24) 18
25) 0 26) 24 27) 54 28) 48 29) 30 30) 24
31) 12 32) 42 33) 30 34) 6 35) 54 36) 36
37) 30 38) 12 39) 42 40) 24 41) 6 42) 18
43) 24 44) 48 45) 54 46) 12 47) 0 48) 6
49) 48 50) 42 51) 18 52) 12 53) 54 54) 42
55) 30 56) 12 57) 54 58) 18 59) 48 60) 6

Jour 40:
1) 21 2) 42 3) 14 4) 7 5) 49 6) 56
7) 14 8) 35 9) 0 10) 63 11) 28 12) 7
13) 49 14) 21 15) 63 16) 28 17) 42 18) 14
19) 42 20) 28 21) 14 22) 21 23) 35 24) 21
25) 63 26) 7 27) 35 28) 56 29) 35 30) 14
31) 28 32) 0 33) 35 34) 7 35) 63 36) 56
37) 49 38) 35 39) 63 40) 56 41) 7 42) 42
43) 21 44) 63 45) 42 46) 14 47) 56 48) 42
49) 0 50) 21 51) 35 52) 28 53) 42 54) 7
55) 35 56) 49 57) 63 58) 56 59) 14 60) 21

Jour 41:
1) 28 2) 21 3) 14 4) 35 5) 0 6) 63
7) 63 8) 28 9) 56 10) 28 11) 42 12) 49
13) 0 14) 28 15) 63 16) 42 17) 35 18) 14
19) 42 20) 21 21) 56 22) 35 23) 7 24) 0
25) 35 26) 7 27) 21 28) 28 29) 56 30) 42
31) 49 32) 14 33) 21 34) 63 35) 28 36) 7
37) 42 38) 35 39) 63 40) 14 41) 28 42) 49
43) 56 44) 42 45) 63 46) 14 47) 42 48) 28
49) 7 50) 42 51) 35 52) 28 53) 63 54) 21
55) 42 56) 35 57) 14 58) 7 59) 21 60) 63

Jour 42:
1) 63 2) 21 3) 42 4) 14 5) 56 6) 35
7) 7 8) 28 9) 42 10) 63 11) 21 12) 35
13) 42 14) 21 15) 56 16) 35 17) 7 18) 14
19) 49 20) 42 21) 63 22) 56 23) 14 24) 28
25) 14 26) 21 27) 35 28) 7 29) 28 30) 56
31) 28 32) 0 33) 7 34) 42 35) 63 36) 21
37) 35 38) 56 39) 42 40) 28 41) 0 42) 63
43) 49 44) 7 45) 35 46) 14 47) 28 48) 35
49) 21 50) 42 51) 28 52) 14 53) 63 54) 21
55) 42 56) 56 57) 14 58) 28 59) 21 60) 7

Jour 43:
1) 28 2) 35 3) 14 4) 56 5) 42 6) 0
7) 7 8) 42 9) 14 10) 63 11) 28 12) 21
13) 49 14) 14 15) 28 16) 56 17) 42 18) 14
19) 28 20) 21 21) 7 22) 63 23) 42 24) 35
25) 28 26) 42 27) 14 28) 21 29) 42 30) 7
31) 28 32) 56 33) 42 34) 7 35) 63 36) 0
37) 49 38) 21 39) 42 40) 35 41) 56 42) 28
43) 7 44) 35 45) 63 46) 21 47) 14 48) 42
49) 63 50) 7 51) 14 52) 56 53) 35 54) 21
55) 7 56) 35 57) 28 58) 56 59) 21 60) 42

Jour 44:
1) 42 2) 21 3) 7 4) 63 5) 0 6) 56
7) 0 8) 56 9) 35 10) 63 11) 42 12) 35
13) 14 14) 56 15) 63 16) 7 17) 49 18) 42
19) 56 20) 21 21) 14 22) 63 23) 21 24) 14
25) 35 26) 7 27) 14 28) 21 29) 35 30) 56
31) 0 32) 42 33) 35 34) 21 35) 28 36) 42
37) 21 38) 7 39) 49 40) 14 41) 63 42) 56
43) 21 44) 35 45) 63 46) 21 47) 35 48) 56
49) 7 50) 28 51) 35 52) 56 53) 42 54) 21
55) 0 56) 35 57) 28 58) 42 59) 14 60) 63

Jour 45:
1) 14 2) 0 3) 49 4) 42 5) 63 6) 28
7) 21 8) 14 9) 56 10) 28 11) 63 12) 56
13) 14 14) 42 15) 21 16) 35 17) 7 18) 49
19) 28 20) 63 21) 42 22) 56 23) 28 24) 14
25) 42 26) 21 27) 7 28) 14 29) 56 30) 35
31) 49 32) 7 33) 35 34) 14 35) 63 36) 7
37) 28 38) 21 39) 63 40) 14 41) 7 42) 21
43) 35 44) 21 45) 63 46) 35 47) 56 48) 14
49) 63 50) 35 51) 42 52) 56 53) 28 54) 7
55) 14 56) 56 57) 28 58) 42 59) 49 60) 7

Jour 46:
1) 56 2) 21 3) 14 4) 35 5) 28 6) 42
7) 35 8) 7 9) 49 10) 63 11) 28 12) 21
13) 14 14) 63 15) 35 16) 49 17) 42 18) 0
19) 28 20) 42 21) 14 22) 7 23) 56 24) 21
25) 63 26) 28 27) 35 28) 56 29) 0 30) 28
31) 14 32) 63 33) 42 34) 7 35) 35 36) 42
37) 35 38) 14 39) 49 40) 28 41) 7 42) 21
43) 0 44) 56 45) 63 46) 14 47) 28 48) 7
49) 56 50) 42 51) 21 52) 14 53) 63 54) 49
55) 35 56) 14 57) 63 58) 21 59) 56 60) 7

Jour 47:
1) 16 2) 40 3) 16 4) 56 5) 0 6) 40
7) 16 8) 40 9) 0 10) 72 11) 32 12) 8
13) 48 14) 24 15) 72 16) 32 17) 56 18) 16
19) 56 20) 32 21) 16 22) 24 23) 40 24) 24
25) 72 26) 8 27) 40 28) 64 29) 40 30) 16
31) 32 32) 0 33) 40 34) 8 35) 72 36) 64
37) 56 38) 40 39) 72 40) 64 41) 8 42) 48
43) 24 44) 72 45) 48 46) 16 47) 64 48) 48
49) 0 50) 24 51) 40 52) 32 53) 48 54) 56
55) 40 56) 56 57) 72 58) 64 59) 16 60) 24

Jour 48:
1) 48 2) 24 3) 24 4) 40 5) 56 6) 16
7) 72 8) 32 9) 56 10) 0 11) 48 12) 56
13) 64 14) 32 15) 72 16) 48 17) 40 18) 16
19) 48 20) 64 21) 24 22) 40 23) 8 24) 0
25) 56 26) 8 27) 24 28) 32 29) 48 30) 56
31) 40 32) 16 33) 24 34) 72 35) 32 36) 8
37) 48 38) 40 39) 72 40) 16 41) 32 42) 0
43) 64 44) 48 45) 72 46) 16 47) 48 48) 32
49) 8 50) 48 51) 40 52) 32 53) 72 54) 24
55) 16 56) 40 57) 48 58) 8 59) 72 60) 24

Jour 49:
1) 72 2) 56 3) 32 4) 40 5) 24 6) 0
7) 8 8) 32 9) 48 10) 72 11) 24 12) 40
13) 48 14) 24 15) 8 16) 40 17) 64 18) 16
19) 56 20) 48 21) 72 22) 64 23) 16 24) 32
25) 16 26) 24 27) 40 28) 8 29) 32 30) 0
31) 32 32) 64 33) 8 34) 56 35) 48 36) 24
37) 64 38) 40 39) 48 40) 32 41) 0 42) 72
43) 56 44) 8 45) 40 46) 16 47) 32 48) 40
49) 24 50) 48 51) 32 52) 16 53) 72 54) 24
55) 64 56) 48 57) 32 58) 16 59) 24 60) 8

Jour 50:
1) 32 2) 72 3) 48 4) 24 5) 16 6) 56
7) 40 8) 48 9) 16 10) 72 11) 32 12) 24
13) 56 14) 16 15) 24 16) 56 17) 48 18) 16
19) 32 20) 40 21) 8 22) 72 23) 48 24) 40
25) 0 26) 48 27) 16 28) 24 29) 8 30) 48
31) 32 32) 56 33) 48 34) 8 35) 72 36) 56
37) 0 38) 24 39) 48 40) 40 41) 56 42) 64
43) 8 44) 40 45) 72 46) 24 47) 16 48) 48
49) 72 50) 8 51) 16 52) 64 53) 40 54) 24
55) 8 56) 40 57) 32 58) 56 59) 24 60) 48

Jour 51:
1) 48 2) 24 3) 16 4) 40 5) 56 6) 32
7) 0 8) 56 9) 40 10) 72 11) 48 12) 40
13) 16 14) 64 15) 72 16) 8 17) 56 18) 48
19) 40 20) 24 21) 16 22) 72 23) 24 24) 16
25) 64 26) 8 27) 32 28) 24 29) 40 30) 56
31) 72 32) 48 33) 40 34) 24 35) 32 36) 48
37) 24 38) 8 39) 56 40) 16 41) 72 42) 56
43) 24 44) 40 45) 72 46) 24 47) 40 48) 64
49) 8 50) 32 51) 40 52) 64 53) 48 54) 24
55) 32 56) 40 57) 64 58) 48 59) 16 60) 72

Jour 52:
1) 16 2) 56 3) 24 4) 32 5) 48 6) 40
7) 8 8) 40 9) 0 10) 72 11) 32 12) 64
13) 56 14) 32 15) 72 16) 56 17) 48 18) 56
19) 8 20) 24 21) 16 22) 72 23) 0 24) 16
25) 72 26) 32 27) 24 28) 40 29) 48 30) 64
31) 8 32) 56 33) 40 34) 0 35) 72 36) 48
37) 32 38) 24 39) 56 40) 40 41) 32 42) 56
43) 40 44) 16 45) 72 46) 48 47) 64 48) 16
49) 8 50) 48 51) 40 52) 64 53) 72 54) 24
55) 40 56) 32 57) 72 58) 32 59) 24 60) 16

Jour 53:
1) 32 2) 72 3) 16 4) 48 5) 24 6) 40
7) 56 8) 0 9) 64 10) 72 11) 40 12) 8
13) 48 14) 32 15) 24 16) 56 17) 48 18) 56
19) 40 20) 24 21) 16 22) 72 23) 48 24) 24
25) 72 26) 32 27) 40 28) 64 29) 48 30) 16
31) 8 32) 56 33) 40 34) 8 35) 72 36) 40
37) 32 38) 24 39) 72 40) 24 41) 8 42) 40
43) 64 44) 48 45) 24 46) 72 47) 8 48) 16
49) 8 50) 64 51) 40 52) 56 53) 32 54) 72
55) 0 56) 32 57) 40 58) 16 59) 56 60) 32

Jour 54:
1) 54 2) 27 3) 18 4) 45 5) 63 6) 72
7) 45 8) 63 9) 72 10) 81 11) 36 12) 9
13) 63 14) 81 15) 27 16) 18 17) 54 18) 9
19) 45 20) 27 21) 18 22) 36 23) 54 24) 27
25) 81 26) 36 27) 45 28) 72 29) 45 30) 18
31) 36 32) 9 33) 45 34) 9 35) 81 36) 45
37) 36 38) 27 39) 81 40) 72 41) 9 42) 72
43) 54 44) 36 45) 81 46) 45 47) 72 48) 18
49) 63 50) 36 51) 45 52) 27 53) 63 54) 72
55) 45 56) 36 57) 27 58) 18 59) 63 60) 36

Réponses

Jour 55:

1) 63 2) 54 3) 27 4) 45 5) 72 6) 54
7) 36 8) 45 9) 54 10) 9 11) 36 12) 27
13) 63 14) 36 15) 81 16) 72 17) 54 18) 63
19) 81 20) 27 21) 18 22) 72 23) 27 24) 36
25) 45 26) 54 27) 27 28) 18 29) 54 30) 72
31) 9 32) 63 33) 45 34) 27 35) 54 36) 0
37) 36 38) 81 39) 63 40) 45 41) 36 42) 72
43) 45 44) 27 45) 63 46) 54 47) 72 48) 18
49) 72 50) 9 51) 45 52) 81 53) 54 54) 27
55) 18 56) 36 57) 45 58) 72 59) 27 60) 18

Jour 56:

1) 27 2) 54 3) 63 4) 81 5) 36 6) 0
7) 36 8) 45 9) 54 10) 63 11) 72 12) 36
13) 63 14) 36 15) 81 16) 0 17) 54 18) 63
19) 72 20) 27 21) 45 22) 72 23) 0 24) 81
25) 45 26) 9 27) 27 28) 36 29) 45 30) 72
31) 18 32) 63 33) 45 34) 81 35) 36 36) 54
37) 9 38) 27 39) 63 40) 45 41) 36 42) 54
43) 81 44) 36 45) 63 46) 18 47) 72 48) 9
49) 45 50) 9 51) 36 52) 54 53) 27 54) 81
55) 63 56) 72 57) 18 58) 36 59) 27 60) 54

Jour 57:

1) 36 2) 27 3) 45 4) 72 5) 81 6) 63
7) 45 8) 9 9) 54 10) 18 11) 36 12) 27
13) 81 14) 18 15) 36 16) 72 17) 27 18) 63
19) 54 20) 36 21) 18 22) 63 23) 81 24) 45
25) 36 26) 27 27) 81 28) 63 29) 54 30) 9
31) 18 32) 63 33) 36 34) 9 35) 81 36) 63
37) 45 38) 27 39) 63 40) 45 41) 72 42) 36
43) 81 44) 54 45) 18 46) 27 47) 54 48) 63
49) 45 50) 9 51) 18 52) 72 53) 45 54) 27
55) 9 56) 72 57) 36 58) 54 59) 27 60) 72

Jour 58:

1) 63 2) 27 3) 18 4) 45 5) 0 6) 54
7) 36 8) 45 9) 54 10) 81 11) 45 12) 9
13) 63 14) 0 15) 45 16) 72 17) 54 18) 63
19) 27 20) 9 21) 18 22) 63 23) 36 24) 81
25) 45 26) 27 27) 18 28) 63 29) 54 30) 9
31) 72 32) 63 33) 36 34) 9 35) 36 36) 45
37) 63 38) 27 39) 81 40) 45 41) 72 42) 36
43) 45 44) 54 45) 63 46) 27 47) 54 48) 18
49) 63 50) 9 51) 18 52) 72 53) 81 54) 27
55) 36 56) 72 57) 45 58) 54 59) 27 60) 72

Jour 59:

1) 0 2) 54 3) 81 4) 72 5) 54 6) 36
7) 27 8) 45 9) 54 10) 63 11) 36 12) 72
13) 63 14) 36 15) 81 16) 0 17) 54 18) 63
19) 72 20) 27 21) 45 22) 72 23) 36 24) 27
25) 45 26) 0 27) 81 28) 9 29) 45 30) 72
31) 18 32) 63 33) 45 34) 36 35) 27 36) 54
37) 9 38) 81 39) 63 40) 45 41) 36 42) 54
43) 81 44) 45 45) 27 46) 18 47) 72 48) 9
49) 36 50) 63 51) 45 52) 54 53) 18 54) 27
55) 72 56) 27 57) 18 58) 36 59) 81 60) 54

Jour 60:

1) 63 2) 54 3) 45 4) 72 5) 18 6) 81
7) 27 8) 45 9) 72 10) 18 11) 36 12) 18
13) 54 14) 36 15) 81 16) 63 17) 54 18) 63
19) 45 20) 54 21) 18 22) 63 23) 54 24) 18
25) 27 26) 36 27) 45 28) 72 29) 54 30) 0
31) 9 32) 63 33) 45 34) 81 35) 63 36) 45
37) 0 38) 27 39) 81 40) 36 41) 9 42) 72
43) 45 44) 54 45) 27 46) 0 47) 72 48) 18
49) 81 50) 54 51) 45 52) 72 53) 36 54) 45
55) 18 56) 36 57) 45 58) 9 59) 63 60) 72

Jour 61:

1) 80 2) 33 3) 90 4) 66 5) 88 6) 50
7) 44 8) 40 9) 60 10) 99 11) 30 12) 88
13) 55 14) 33 15) 90 16) 40 17) 66 18) 77
19) 88 20) 30 21) 77 22) 80 23) 20 24) 99
25) 0 26) 33 27) 121 28) 10 29) 60 30) 88
31) 20 32) 70 33) 55 34) 40 35) 99 36) 55
37) 100 38) 0 39) 70 40) 50 41) 80 42) 90
43) 66 44) 55 45) 90 46) 110 47) 40 48) 121
49) 30 50) 11 51) 55 52) 60 53) 100 54) 30
55) 99 56) 110 57) 22 58) 50 59) 40 60) 66

Jour 62:

1) 80 2) 33 3) 66 4) 50 5) 110 6) 55
7) 100 8) 110 9) 55 10) 99 11) 40 12) 60
13) 20 14) 77 15) 0 16) 90 17) 121 18) 22
19) 40 20) 30 21) 22 22) 60 23) 88 24) 33
25) 121 26) 40 27) 99 28) 80 29) 55 30) 44
31) 60 32) 0 33) 50 34) 11 35) 99 36) 30
37) 66 38) 22 39) 70 40) 40 41) 100 42) 55
43) 44 44) 60 45) 90 46) 22 47) 88 48) 60
49) 88 50) 70 51) 121 52) 20 53) 90 54) 11
55) 55 56) 22 57) 90 58) 33 59) 110 60) 77

Jour 63:

1) 110 2) 77 3) 99 4) 50 5) 90 6) 100
7) 44 8) 77 9) 50 10) 70 11) 99 12) 60
13) 99 14) 121 15) 10 16) 66 17) 0 18) 33
19) 22 20) 44 21) 80 22) 88 23) 90 24) 77
25) 77 26) 40 27) 110 28) 100 29) 99 30) 33
31) 10 32) 88 33) 11 34) 121 35) 44 36) 90
37) 90 38) 70 39) 22 40) 55 41) 100 42) 99
43) 33 44) 88 45) 40 46) 80 47) 10 48) 55
49) 30 50) 77 51) 55 52) 44 53) 0 54) 44
55) 50 56) 88 57) 121 58) 80 59) 100 60) 90

Jour 64:

1) 44 2) 88 3) 70 4) 110 5) 90 6) 55
7) 77 8) 50 9) 121 10) 70 11) 44 12) 10
13) 110 14) 33 15) 90 16) 40 17) 66 18) 20
19) 60 20) 44 21) 22 22) 30 23) 50 24) 33
25) 99 26) 11 27) 50 28) 80 29) 55 30) 121
31) 44 32) 0 33) 50 34) 10 35) 90 36) 88
37) 77 38) 55 39) 90 40) 80 41) 11 42) 60
43) 33 44) 100 45) 60 46) 22 47) 88 48) 66
49) 0 50) 30 51) 50 52) 44 53) 60 54) 10
55) 50 56) 77 57) 90 58) 80 59) 22 60) 33

Jour 65:

1) 44 2) 70 3) 55 4) 99 5) 60 6) 77
7) 90 8) 55 9) 80 10) 20 11) 40 12) 0
13) 66 14) 40 15) 99 16) 100 17) 60 18) 77
19) 50 20) 121 21) 20 22) 110 23) 66 24) 20
25) 30 26) 44 27) 50 28) 88 29) 60 30) 0
31) 11 32) 70 33) 121 34) 90 35) 77 36) 55
37) 0 38) 30 39) 90 40) 44 41) 110 42) 88
43) 50 44) 60 45) 33 46) 0 47) 88 48) 20
49) 90 50) 66 51) 121 52) 88 53) 40 54) 100
55) 20 56) 44 57) 50 58) 11 59) 77 60) 80

Jour 66:

1) 90 2) 80 3) 99 4) 110 5) 40 6) 121
7) 44 8) 10 9) 60 10) 99 11) 40 12) 33
13) 77 14) 20 15) 121 16) 80 17) 0 18) 70
19) 60 20) 44 21) 22 22) 70 23) 90 24) 55
25) 40 26) 33 27) 22 28) 70 29) 60 30) 10
31) 44 32) 77 33) 100 34) 11 35) 90 36) 70
37) 55 38) 33 39) 70 40) 50 41) 88 42) 121
43) 10 44) 60 45) 99 46) 30 47) 66 48) 20
49) 90 50) 121 51) 55 52) 80 53) 50 54) 30
55) 11 56) 110 57) 44 58) 60 59) 55 60) 88

Jour 67:

1) 88 2) 60 3) 110 4) 100 5) 20 6) 66
7) 99 8) 50 9) 60 10) 90 11) 50 12) 11
13) 77 14) 0 15) 55 16) 80 17) 60 18) 70
19) 33 20) 44 21) 20 22) 99 23) 0 24) 77
25) 50 26) 44 27) 30 28) 110 29) 60 30) 88
31) 80 32) 77 33) 40 34) 10 35) 90 36) 55
37) 44 38) 33 39) 70 40) 55 41) 40 42) 80
43) 121 44) 60 45) 99 46) 30 47) 66 48) 22
49) 90 50) 110 51) 121 52) 88 53) 10 54) 100
55) 77 56) 40 57) 55 58) 110 59) 110 60) 60

Jour 68:

1) 96 2) 60 3) 24 4) 144 5) 132 6) 120
7) 108 8) 48 9) 96 10) 84 11) 72 12) 144
13) 84 14) 120 15) 108 16) 0 17) 72 18) 84
19) 96 20) 36 21) 96 22) 132 23) 12 24) 60
25) 0 26) 132 27) 36 28) 48 29) 72 30) 96
31) 24 32) 84 33) 120 34) 108 35) 48 36) 72
37) 12 38) 60 39) 84 40) 24 41) 48 42) 108
43) 72 44) 84 45) 108 46) 24 47) 96 48) 12
49) 144 50) 12 51) 60 52) 72 53) 108 54) 36
55) 108 56) 0 57) 120 58) 48 59) 36 60) 72

Jour 69

1) 48 2) 96 3) 108 4) 72 5) 0 6) 132
7) 0 8) 60 9) 96 10) 108 11) 72 12) 12
13) 48 14) 84 15) 108 16) 144 17) 72 18) 24
19) 96 20) 36 21) 120 22) 108 23) 132 24) 0
25) 24 26) 36 27) 144 28) 60 29) 72 30) 96
31) 132 32) 84 33) 60 34) 36 35) 48 36) 72
37) 36 38) 0 39) 84 40) 24 41) 108 42) 96
43) 60 44) 132 45) 108 46) 48 47) 60 48) 96
49) 12 50) 0 51) 120 52) 96 53) 72 54) 36
55) 60 56) 84 57) 144 58) 36 59) 48 60) 132

Jour 70:

1) 84 2) 96 3) 24 4) 132 5) 60 6) 120
7) 24 8) 60 9) 0 10) 108 11) 48 12) 12
13) 84 14) 36 15) 108 16) 132 17) 72 18) 24
19) 72 20) 48 21) 24 22) 36 23) 60 24) 36
25) 108 26) 12 27) 60 28) 96 29) 60 30) 144
31) 48 32) 132 33) 144 34) 12 35) 108 36) 96
37) 84 38) 60 39) 120 40) 96 41) 12 42) 72
43) 36 44) 108 45) 72 46) 24 47) 132 48) 72
49) 120 50) 36 51) 60 52) 48 53) 144 54) 12
55) 60 56) 84 57) 108 58) 96 59) 24 60) 36

Jour 71:

1) 60 2) 132 3) 36 4) 108 5) 72 6) 96
7) 144 8) 60 9) 72 10) 108 11) 60 12) 12
13) 84 14) 36 15) 60 16) 96 17) 132 18) 84
19) 0 20) 48 21) 24 22) 108 23) 120 24) 84
25) 60 26) 132 27) 36 28) 0 29) 72 30) 96
31) 96 32) 84 33) 48 34) 144 35) 108 36) 60
37) 48 38) 36 39) 84 40) 60 41) 48 42) 96
43) 60 44) 72 45) 108 46) 36 47) 72 48) 24
49) 108 50) 12 51) 24 52) 96 53) 132 54) 36
55) 120 56) 48 57) 60 58) 144 59) 96 60) 72

Jour 72:

1) 24 2) 96 3) 60 4) 108 5) 96 6) 144
7) 48 8) 120 9) 72 10) 132 11) 36 12) 96
13) 60 14) 132 15) 108 16) 48 17) 72 18) 84
19) 96 20) 120 21) 84 22) 96 23) 24 24) 108
25) 120 26) 0 27) 132 28) 12 29) 72 30) 144
31) 24 32) 84 33) 60 34) 48 35) 108 36) 60
37) 120 38) 132 39) 84 40) 144 41) 96 42) 108
43) 72 44) 60 45) 108 46) 120 47) 48 48) 132
49) 36 50) 12 51) 60 52) 72 53) 120 54) 36
55) 108 56) 120 57) 24 58) 60 59) 48 60) 132

© Libro Studio LLC 2020

Réponses

Jour 73:
1) 12 2) 144 3) 108 4) 84 5) 60 6) 0
7) 72 8) 48 9) 96 10) 132 11) 72 12) 120
13) 84 14) 48 15) 108 16) 144 17) 60 18) 84
19) 72 20) 36 21) 96 22) 60 23) 12 24) 132
25) 120 26) 12 27) 36 28) 48 29) 96 30) 72
31) 24 32) 84 33) 132 34) 108 35) 48 36) 144
37) 72 38) 60 39) 84 40) 24 41) 120 42) 108
43) 96 44) 84 45) 108 46) 24 47) 72 48) 12
49)48 50)120 51) 60 52) 144 53) 120 54) 36
55) 72 56) 60 57) 24 58) 132 59) 36 60) 108

Jour 74:
1) 0 2) 36 3) 96 4) 108 5) 96 6) 120
7) 84 8) 60 9) 96 10) 120 11) 48 12) 24
13) 72 14) 132 15) 36 16) 84 17) 72 18) 84
19) 60 20)144 21) 24 22) 108 23)132 24) 36
25) 108 26) 48 27) 60 28) 96 29) 72 30) 24
31) 12 32) 84 33) 60 34)0 35) 108 36) 60
37) 48 38) 36 39) 108 40) 120 41) 144 42) 96
43) 60 44) 72 45) 108 46) 132 47) 96 48) 24
49)12 50)0 51) 144 52) 96 53) 48 54) 96
55) 108 56) 48 57) 60 58) 132 59) 84 60) 120

Jour 75:
1) 4 2) 15 3) 4 4) 50 5) 27 6) 25
7) 108 8) 14 9) 9 10) 88 11) 36 12) 60
13) 72 14) 72 15) 48 16) 90 17) 30 18) 63
19) 77 20) 120 21) 108 22) 24 23) 66 24) 81
25) 54 26) 56 27) 18 28) 0 29) 22 30) 32
31) 81 32) 16 33) 35 34) 24 35) 10 36) 36
37) 44 38)42 39) 16 40) 40 41) 16 42) 12
43) 9 44) 45 45) 96 46) 14 47) 36 48) 35
49) 48 50) 72 51) 77 52) 40 53) 64 54) 24
55) 21 56) 25 57) 108 58) 36 59) 56 60) 36

Jour 76:
1) 28 2) 45 3) 18 4) 10 5) 21 6) 55
7) 27 8) 49 9) 48 10) 18 11) 48 12) 42
13) 16 14) 32 15) 72 16) 45 17) 16 18) 15
19) 54 20) 64 21) 36 22) 12 23) 42 24) 9
25) 60 26) 28 27) 63 28) 121 29) 20 30) 40
31) 48 32) 132 33) 49 34) 54 35) 56 36) 6
37) 18 38) 10 39) 144 40) 0 41) 6 42) 72
43) 35 44) 24 45) 36 46) 42 47) 12 48) 88
49) 32 50) 27 51) 16 52) 120 53) 63 54) 9
55) 30 56) 45 57) 48 58) 15 59) 72 60) 32

Jour 77:
1) 36 2) 12 3) 42 4) 45 5) 40 6) 14
7) 48 8) 20 9) 27 10) 49 11) 28 12) 36
13) 72 14) 20 15) 30 16) 64 17) 42 18) 18
19) 32 20) 121 21) 15 22) 8 23) 90 24) 96
25) 63 26) 4 27) 12 28) 81 29) 45 30) 32
31) 56 32) 25 33) 54 34) 24 35) 144 36) 6
37) 16 38) 60 39) 64 40) 15 41) 44 42) 21
43) 108 44) 63 45) 42 46) 32 47) 40 48) 24
49) 12 50) 27 51) 50 52) 81 53) 48 54) 18
55) 63 56) 84 57) 12 58) 20 59) 18 60) 24

Jour 78:
1) 36 2) 56 3) 30 4) 99 5) 10 6) 42
7) 48 8) 49 9) 16 10) 15 11) 36 12) 21
13) 18 14) 132 15) 7 16) 64 17) 8 18) 18
19) 49 20) 24 21) 63 22) 36 23) 108 24) 4
25) 40 26) 66 27) 144 28) 9 29) 72 30) 35
31) 121 32) 20 33) 36 34) 16 35) 21 36) 96
37) 27 38) 18 39) 77 40) 64 41) 30 42) 56
43) 16 44) 6 45) 120 46) 14 47) 54 48) 80
49) 16 50) 12 51) 25 52) 36 53) 42 54) 12
55) 110 56) 48 57) 30 58) 24 59) 45 60) 24

Jour 79:
1) 4 2) 33 3) 60 4) 15 5) 63 6) 48
7) 36 8) 56 9) 36 10) 64 11) 24 12) 27
13) 12 14) 36 15) 49 16) 72 17) 32 18) 42
19) 30 20) 16 21) 132 22) 20 23) 28 24) 72
25) 16 26) 40 27) 60 28) 14 29) 55 30) 4
31) 63 32) 32 33) 12 34) 96 35) 15 36) 27
37) 28 38) 18 39) 18 40) 0 41) 49 42) 48
43) 81 44) 25 45) 27 46) 121 47) 5 48) 30
49) 16 50) 99 51) 36 52) 40 53) 36 54) 9
55) 100 56) 0 57) 45 58) 32 59) 12 60) 42

Jour 80:
1) 48 2) 35 3) 15 4) 54 5) 108 6) 28
7) 40 8) 49 9) 30 10) 30 11) 12 12) 6
13) 48 14) 18 15) 42 16) 25 17) 8 18) 72
19) 63 20) 24 21) 132 22) 18 23) 27 24) 35
25) 54 26) 32 27) 63 28) 42 29) 12 30) 24
31) 12 32) 12 33) 100 34) 5 35) 60 36) 48
37) 64 38) 80 39) 77 40) 18 41) 35 42) 6
43) 45 44) 56 45) 14 46) 30 47) 36 48) 42
49) 72 50) 27 51) 40 52) 28 53) 0 54) 9
55) 4 56) 36 57) 20 58) 32 59) 18 60) 81

Jour 81:
1) 36 2) 12 3) 32 4) 35 5) 12 6) 54
7) 9 8) 10 9) 42 10) 21 11) 72 12) 0
13) 30 14) 20 15) 40 16) 16 17) 18 18) 36
19) 14 20) 36 21) 63 22) 15 23) 81 24) 60
25) 4 26) 3 27) 24 28) 25 29) 56 30) 24
31) 88 32) 100 33) 54 34) 8 35) 45 36) 96
37) 8 38) 7 39) 40 40) 144 41) 36 42) 6
43) 66 44) 12 45) 49 46) 110 47) 28 48) 72
49) 32 50) 30 51) 25 52) 72 53) 24 54) 36
55) 2 56) 64 57) 36 58) 21 59) 120 60) 22

Jour 82:
1) 30 2) 3 3) 10 4) 5 5) 21 6) 25
7) 0 8) 10 9) 1 10) 9 11) 12 12) 81
13) 20 14) 28 15) 60 16) 32 17) 9 18) 24
19) 48 20) 36 21) 18 22) 20 23) 32 24) 77
25) 144 26) 40 27) 18 28) 8 29) 18 30) 121
31) 80 32) 54 33) 8 34) 15 35) 36 36) 9
37) 0 38) 7 39) 44 40) 64 41) 72 42) 42
43) 24 44) 25 45) 96 46) 1 47) 36 48) 120
49) 30 50) 81 51) 40 52) 24 53) 33 54) 18
55) 16 56) 27 57) 35 58) 32 59) 63 60) 49

Jour 83:
1) 33 2) 40 3) 16 4) 45 5) 24 6) 56
7) 40 8) 30 9) 21 10) 40 11) 28 12) 6
13) 63 14) 42 15) 45 16) 12 17) 56 18) 10
19) 25 20) 32 21) 28 22) 20 23) 6 24) 72
25) 55 26) 64 27) 8 28) 35 29) 96 30) 20
31) 121 32) 16 33) 50 34) 0 35) 40 36) 54
37) 24 38) 42 39) 88 40) 100 41) 12 42) 16
43) 3 44) 20 45) 30 46) 10 47) 36 48) 56
49) 72 50) 72 51) 49 52) 24 53) 28 54) 15
55) 48 56) 60 57) 63 58) 16 59) 27 60) 8

Jour 84:
1) 40 2) 30 3) 6 4) 40 5) 42 6) 10
7) 12 8) 63 9) 14 10) 24 11) 28 12) 45
13) 32 14) 18 15) 5 16) 42 17) 18 18) 56
19) 2 20) 8 21) 24 22) 28 23) 63 24) 16
25) 0 26) 28 27) 27 28) 60 29) 72 30) 24
31) 88 32) 108 33) 80 34) 42 35) 20 36) 30
37) 24 38) 25 39) 18 40) 45 41) 84 42) 80
43) 36 44) 15 45) 24 46) 12 47) 36 48) 48
49) 28 50) 36 51) 49 52) 108 53) 56 54) 21
55) 5 56) 44 57) 64 58) 12 59) 27 60) 60

Jour 85:
1) 60 2) 28 3) 12 4) 72 5) 42 6) 45
7) 36 8) 24 9) 56 10) 15 11) 16 12) 63
13) 55 14) 36 15) 35 16) 16 17) 24 18) 28
19) 27 20) 20 21) 4 22) 48 23) 18 24) 21
25) 8 26) 44 27) 36 28) 6 29) 0 30) 36
31) 1 32) 64 33) 9 34) 99 35) 16 36) 108
37) 9 38) 24 39) 100 40) 42 41) 24 42) 72
43) 30 44) 25 45) 28 46) 40 47) 6 48) 30
49) 77 50) 84 51) 20 52) 8 53) 81 54) 42
55) 15 56) 56 57) 45 58) 32 59) 0 60) 63

Jour 86:
1) 42 2) 24 3) 12 4) 132 5) 36 6) 40
7) 24 8) 55 9) 72 10) 9 11) 32 12) 64
13) 54 14) 56 15) 45 16) 144 17) 25 18) 14
19) 21 20) 27 21) 72 22) 20 23) 100 24) 18
25) 35 26) 36 27) 33 28) 10 29) 49 30) 36
31) 121 32) 40 33) 30 34) 16 35) 63 36) 8
37) 27 38) 110 39) 91 40) 0 41) 40 42) 81
43) 15 44) 9 45) 96 46) 120 47) 45 48) 80
49) 48 50) 36 51) 20 52) 32 53) 72 54) 21
55) 0 56) 7 57) 16 58) 56 59) 54 60) 12

Jour 87:
1) 25 2) 54 3) 56 4) 5 5) 12 6) 21
7) 121 8) 10 9) 1 10) 56 11) 8 12) 54
13) 40 14) 36 15) 6 16) 144 17) 14 18) 90
19) 0 20) 12 21) 0 22) 20 23) 64 24) 6
25) 63 26) 100 27) 49 28) 4 29) 28 30) 20
31) 88 32) 72 33) 72 34) 63 35) 66 36) 96
37) 8 38) 48 39) 40 40) 60 41) 54 42) 18
43) 36 44) 70 45) 21 46) 44 47) 16 48) 30
49) 32 50) 10 51) 35 52) 36 53) 88 54) 15
55) 84 56) 28 57) 18 58) 81 59) 10 60) 40

Jour 88:
1) 72 2) 15 3) 63 4) 16 5) 36 6) 30
7) 40 8) 10 9) 28 10) 45 11) 24 12) 49
13) 9 14) 99 15) 20 16) 32 17) 72 18) 42
19) 0 20) 12 21) 64 22) 15 23) 48 24) 6
25) 36 26) 11 27) 18 28) 12 29) 24 30) 100
31) 56 32) 27 33) 36 34) 3 35) 132 36) 25
37) 54 38) 24 39) 30 40) 4 41) 45 42) 48
43) 0 44) 35 45) 49 46) 18 47) 84 48) 12
49) 121 50) 72 51) 40 52) 63 53) 30 54) 20
55) 48 56) 0 57) 25 58) 24 59) 49 60) 96

Jour 89:
1) 25 2) 72 3) 20 4) 8 5) 21 6) 60
7) 18 8) 40 9) 12 10) 9 11) 8 12) 63
13) 20 14) 81 15) 5 16) 28 17) 16 18) 36
19) 27 20) 12 21) 21 22) 100 23) 36 24) 33
25) 0 26) 7 27) 64 28) 10 29) 8 30) 72
31) 9 32) 108 33) 20 34) 54 35) 56 36) 77
37) 110 38) 24 39) 0 40) 15 41) 36 42) 20
43) 21 44) 30 45) 48 46) 2 47) 36 48) 35
49) 12 50) 72 51) 49 52) 88 53) 0 54) 24
55) 48 56) 45 57) 18 58) 8 59) 88 60) 28

Jour 90:
1) 35 2) 8 3) 7 4) 36 5) 48 6) 120
7) 54 8) 10 9) 121 10) 24 11) 27 12) 28
13) 40 14) 81 15) 8 16) 0 17) 63 18) 18
19) 10 20) 12 21) 21 22) 32 23) 72 24) 36
25) 44 26) 64 27) 0 28) 10 29) 14 30) 20
31) 56 32) 108 33) 16 34) 42 35) 25 36) 12
37) 30 38) 49 39) 72 40) 1 41) 54 42) 88
43) 60 44) 15 45) 9 46) 2 47) 81 48) 48
49) 28 50) 27 51) 100 52) 16 53) 60 54) 36
55) 14 56) 24 57) 63 58) 32 59) 6 60) 7

© Libro Studio LLC 2020

Réponses

Jour 91:
1) 36 2) 49 3) 7 4) 10 5) 12 6) 12
7) 27 8) 10 9) 9 10) 9 11) 32 12) 45
13) 28 14) 110 15) 40 16) 16 17) 14 18) 3
19) 56 20) 30 21) 24 22) 72 23) 25 24) 18
25) 4 26) 4 27) 64 28) 10 29) 0 30) 20
31) 60 32) 96 33) 9 34) 11 35) 32 36) 144
37) 27 38) 56 39) 100 40) 30 41) 25 42) 36
43) 9 44) 40 45) 48 46) 16 47) 48 48) 77
49) 12 50) 70 51) 15 52) 28 53) 21 54) 24
55) 5 56) 88 57) 24 58) 35 59) 72 60) 36

Jour 92:
1) 30 2) 35 3) 32 4) 18 5) 100 6) 56
7) 15 8) 63 9) 0 10) 7 11) 8 12) 72
13) 20 14) 16 15) 5 16) 12 17) 60 18) 33
19) 54 20) 16 21) 0 22) 50 23) 28 24) 40
25) 8 26) 4 27) 0 28) 10 29) 4 30) 20
31) 11 32) 48 33) 30 34) 54 35) 56 36) 72
37) 36 38) 80 39) 81 40) 15 41) 22 42) 24
43) 100 44) 45 45) 70 46) 144 47) 63 48) 25
49) 36 50) 24 51) 40 52) 20 53) 0 54) 36
55) 9 56) 49 57) 10 58) 28 59) 27 60) 56

Jour 93:
1) 22 2) 72 3) 30 4) 54 5) 9 6) 20
7) 72 8) 32 9) 49 10) 27 11) 8 12) 24
13) 0 14) 56 15) 5 16) 16 17) 30 18) 121
19) 63 20) 12 21) 70 22) 48 23) 27 24) 6
25) 72 26) 96 27) 24 28) 14 29) 54 30) 32
31) 33 32) 0 33) 4 34) 132 35) 32 36) 36
37) 16 38) 56 39) 6 40) 42 41) 50 42) 45
43) 36 44) 16 45) 20 46) 88 47) 81 48) 10
49) 27 50) 108 51) 25 52) 12 53) 6 54) 32
55) 35 56) 24 57) 110 58) 4 59) 30 60) 2

Jour 94:
1) 36 2) 56 3) 20 4) 81 5) 84 6) 24
7) 21 8) 4 9) 27 10) 9 11) 24 12) 7
13) 36 14) 42 15) 5 16) 12 17) 25 18) 27
19) 96 20) 48 21) 12 22) 28 23) 64 24) 63
25) 100 26) 24 27) 18 28) 81 29) 14 30) 16
31) 6 32) 49 33) 60 34) 66 35) 70 36) 40
37) 90 38) 24 39) 28 40) 55 41) 36 42) 24
43) 35 44) 27 45) 24 46) 20 47) 63 48) 25
49) 96 50) 0 51) 20 52) 72 53) 9 54) 36
55) 42 56) 0 57) 110 58) 12 59) 54 60) 21

Jour 95:
1) 21 2) 8 3) 10 4) 12 5) 0 6) 72
7) 36 8) 16 9) 42 10) 9 11) 30 12) 2
13) 49 14) 54 15) 15 16) 8 17) 48 18) 35
19) 88 20) 40 21) 18 22) 20 23) 77 24) 108
25) 0 26) 9 27) 36 28) 16 29) 54 30) 56
31) 1 32) 24 33) 25 34) 72 35) 36 36) 0
37) 88 38) 42 39) 36 40) 5 41) 36 42) 8
43) 63 44) 40 45) 64 46) 6 47) 90 48) 15
49) 48 50) 18 51) 30 52) 8 53) 77 54) 48
55) 24 56) 100 57) 0 58) 32 59) 27 60) 56

Jour 96:
1) 60 2) 12 3) 48 4) 42 5) 27 6) 32
7) 15 8) 24 9) 42 10) 32 11) 24 12) 54
13) 18 14) 16 15) 5 16) 0 17) 50 18) 36
19) 56 20) 72 21) 100 22) 20 23) 96 24) 24
25) 12 26) 121 27) 25 28) 27 29) 4 30) 55
31) 81 32) 48 33) 20 34) 10 35) 28 36) 24
37) 63 38) 64 39) 84 40) 15 41) 49 42) 0
43) 30 44) 45 45) 16 46) 36 47) 72 48) 100
49) 12 50) 12 51) 40 52) 20 53) 54 54) 24
55) 77 56) 27 57) 14 58) 7 59) 25 60) 9

Jour 97:
1) 24 2) 40 3) 42 4) 5 5) 24 6) 30
7) 64 8) 10 9) 36 10) 48 11) 8 12) 63
13) 28 14) 16 15) 5 16) 44 17) 32 18) 12
19) 18 20) 12 21) 72 22) 45 23) 7 24) 36
25) 0 26) 81 27) 0 28) 10 29) 56 30) 30
31) 24 32) 36 33) 66 34) 16 35) 54 36) 40
37) 8 38) 49 39) 96 40) 100 41) 60 42) 4
43) 36 44) 72 45) 21 46) 99 47) 14 48) 30
49) 60 50) 9 51) 35 52) 63 53) 110 54) 24
55) 2 56) 8 57) 45 58) 28 59) 18 60) 55

Jour 98:
1) 56 2) 32 3) 14 4) 54 5) 21 6) 80
7) 84 8) 12 9) 63 10) 9 11) 36 12) 45
13) 20 14) 0 15) 30 16) 16 17) 0 18) 28
19) 110 20) 12 21) 18 22) 24 23) 25 24) 16
25) 24 26) 0 27) 27 28) 10 29) 24 30) 50
31) 42 32) 48 33) 30 34) 6 35) 28 36) 40
37) 108 38) 80 39) 77 40) 15 41) 35 42) 16
43) 9 44) 20 45) 32 46) 60 47) 81 48) 5
49) 56 50) 18 51) 40 52) 36 53) 60 54) 24
55) 10 56) 0 57) 70 58) 96 59) 27 60) 42

Jour 99:
1) 81 2) 48 3) 14 4) 40 5) 18 6) 120
7) 9 8) 10 9) 6 10) 21 11) 8 12) 72
13) 5 14) 121 15) 20 16) 24 17) 24 18) 3
19) 36 20) 12 21) 18 22) 20 23) 56 24) 6
25) 63 26) 28 27) 30 28) 10 29) 20 30) 32
31) 88 32) 0 33) 72 34) 8 35) 27 36) 16
37) 60 38) 7 39) 40 40) 8 41) 81 42) 8
43) 54 44) 99 45) 21 46) 44 47) 49 48) 30
49) 63 50) 10 51) 35 52) 108 53) 48 54) 18
55) 12 56) 28 57) 72 58) 20 59) 110 60) 24

Jour 100:
1) 3 2) 4 3) 22 4) 8 5) 45 6) 70
7) 27 8) 36 9) 54 10) 9 11) 32 12) 21
13) 96 14) 64 15) 5 16) 16 17) 27 18) 3
19) 28 20) 12 21) 0 22) 20 23) 56 24) 6
25) 18 26) 4 27) 63 28) 10 29) 48 30) 20
31) 56 32) 16 33) 55 34) 6 35) 84 36) 72
37) 15 38) 80 39) 144 40) 36 41) 55 42) 12
43) 25 44) 45 45) 0 46) 10 47) 108 48) 35
49) 72 50) 36 51) 40 52) 20 53) 18 54) 24
55) 18 56) 49 57) 40 58) 28 59) 27 60) 54

© 2020, Libro Studio LLC. L'achat de cette publication autorise uniquement l'acheteur à utiliser ces pages en classe—et non pour revente commerciale. La reproduction de ce manuel pour une école entière ou pour un quartier est interdite. Aucune partie de ce livre ne doit être reproduite (excepté comme indiqué ci-dessus), transmise de quelque façon que ce soit, électroniquement ou mécaniquement, cela inclut la photocopie, l'enregistrement, ainsi que tout autre type de stockage d'information ou système de récupération, sans la permission écrite de l'éditeur.

ISBN: 978-1-63578-320-9

Vous retrouverez les informations de contact d'Humble Math sur le lien suivant :
www.LibroStudioLLC.com

© Libro Studio LLC 2020

www.ingramcontent.com/pod-product-compliance
Lightning Source LLC
Chambersburg PA
CBHW081120080526

44587CB00021B/3674